关于德国的 88个小问题

Achtundachtzig
Fragen über
Deutschland

梁锡江———

著

北京大学出版社
PEKING UNIVERSITY PRESS

图书在版编目 (CIP) 数据

关于德国的88个小问题/ 梁锡江著. —北京：北京大学出版社，2023.5

ISBN 978-7-301-33827-8

Ⅰ.①关… Ⅱ.①梁… Ⅲ.①德国 – 概况 Ⅳ.① K951.6

中国国家版本馆 CIP 数据核字 (2023) 第 045908 号

书　　　名	关于德国的 88 个小问题	
	GUANYU DEGUO DE 88 GE XIAO WENTI	
著作责任者	梁锡江　著	
责任编辑	朱房煦	
标准书号	ISBN 978-7-301-33827-8	
出版发行	北京大学出版社	
地　　　址	北京市海淀区成府路 205 号　　100871	
网　　　址	http://www.pup.cn　新浪微博：@北京大学出版社	
电子信箱	zhufangxu@pup.cn	
电　　　话	邮购部 010–62752015　发行部 010–62750672	
	编辑部 010–62754382	
印　刷　者	三河市博文印刷有限公司	
经　销　者	新华书店	
	880 毫米 ×1230 毫米　A5　10.625 印张　230 千字	
	2023 年 5 月第 1 版　2023 年 5 月第 1 次印刷	
定　　　价	68.00 元	

序

如果"萨丕尔-沃尔夫假说"所言不差，那么语言决定并影响着人的思维。我们在学习一门外语时，同时会领略到另外一种思维方式，而正是这异质的思维方式催生出另外一种迥异的文化。民族语言与民族文化在某种意义上是密不可分的。所以，我们学习了德语，就必然遭遇一种完全不同于中华文化的世界，里面有丰富的精神财富等着我们去深入地挖掘，同时也会牵连出无数的疑问等着我们去探究和理解。

自2015年从事公众号写作以来，八年时间里笔者陆续发表了760余篇原创小文章，结集出版的图书已有2部。承蒙北大社朱房煦编辑不弃，继上次合作《关于德语的88个小问题》之后，再次邀约笔者将历年所撰涉及德国和德语区的历史与现状的小文章集合起来，汇成一本小册子，取名为《关于德国的88个小问题》，奉献给诸位读者，希望对大家有所帮助。

又及：2022年9月，交叉学科区域国别学正式成为一级学科，可授予经济学、法学、文学、历史学等学位，这也将是今后我国外语类专业的重点发展方向。改革开放到今天，中国国力今非昔比，与外部世界的联系日益密切。为了更好地了解世界，使世界的优秀成果为我所用，就必须加强对于世界各个地区以及国家的深入了解与研究。如此说来，这本小册子也算正当其时。

目录
Inhaltsverzeichnis

一
| Eins |

地理风貌篇

1. 关于中欧和东欧的定义有什么误解?

首先,我们要澄清一个概念。关于世界地理的划分,德国人经常说存在着五个大陆,即亚洲、非洲、美洲、大洋洲和欧洲(南极洲一般不计算在内)。这其实是欧洲人给世界"洗脑"的结果。通过仔细观察我们就会发现,如果按照地理标准来划分大陆,欧洲根本就不是一块大陆,亚欧才是一块大陆。他们关于欧洲是一块大陆的说法其实就是一个错误,一个欧洲中心主义的错误。很显然,在五个大陆中,欧洲并不是按照地理标准,而是按照文化标准而被定义的。

在对待欧洲的内部划分上,我们也要注意,地理虽然是划分欧洲的一个标准，但其实文化也起到了非常重要的作用。而地理定义的欧洲各部分与文化定义的欧洲各部分并不完全吻合，这一点尤其体现在东欧和中欧的问题上。

如果按照文化来定义的话，那么欧洲大致可以分为如下几个部分。

北欧主要是瑞典、挪威、芬兰、丹麦和冰岛，这一点没有异议。

西欧主要是英国、法国、爱尔兰、荷兰、比利时、卢森堡，这一点也比较清楚。

南欧主要是西班牙、葡萄牙和意大利，这个也没有问题。

东南欧主要是希腊一带，与南欧的主要区别在宗教上。南欧是天主教为主，而东南欧是东正教为主，同时还受到伊斯兰教的影响。

以上几个地区，其地理和文化定义基本上是重合的。

但是对于东欧来说，我们注意到，从地理上来看主要是欧洲东部，即俄罗斯的欧洲部分、乌克兰、白俄罗斯，还有波罗的海三国以及摩尔达维亚等地。

从文化上来看，东欧其实就是俄罗斯的欧洲部分、乌克兰和白俄罗斯等地。

波兰、捷克、匈牙利以及波罗的海三国，从文化上来讲，都是和德国一样，属于中欧。这其中起到决定性作用的仍然是宗教，即这些国家信仰的主要是天主教和新教，而不是东正教。他们对于俄罗斯的文化认同感并不强，苏联一解体，波罗的海三国马上就宣布了独立，其道理也是如此。这些国家，其实对于德国文化的认同感更高。

这就是我们要重点澄清的问题。

2. 德语国家到底有哪些?

　　首先我们要明确什么是德语国家(deutsprachige Länder),那就是将德语作为官方语言(Amtssprache)的国家。对于大多数学德语的同学来说,这似乎不是问题,我们会说德语国家有德国、奥地利和瑞士。其中瑞士有四种官方语言:德语、法语、意大利语和罗曼什语(Rätoromanisch)。

　　也有很多同学知道,事实上在奥地利和瑞士之间还有一个公国,叫作列支敦士登(Liechtenstein)。它是奥地利的贵胄列支敦士登大公家族在18世纪初获得的帝国直属封地,因此这里的人都是以德语为母语的,当然也将德语作为官方语言。这是个袖珍国家，只有160平方公里，人口才不到40000人（截至2021年12月）。它虽然小了点，但仍然是独立的主权国家，也是德语国家。列支敦士登还有一个特点，它是唯一一个不与德国接壤的以德语为官方语言的国家，当地的货币是瑞士法郎。

我们国内提得比较少的，但其实也是德语国家的，还有一个卢森堡大公国。这也是一个袖珍国，当然要比列支敦士登大不少，约2586平方公里（整个上海市约6340平方公里），人口64.5万人（截至2022年5月）。卢森堡的情况与瑞士类似，也有多种官方语言，分别是法语、德语和卢森堡语。

卢森堡人占了全国总人口的52.8%，他们的母语是卢森堡语（Luxemburgisch，当地人称Lëtzebuergesch）。直到20世纪上半叶，人们还将卢森堡语看作高地德语的一种方言，其特点是存在大量的从法语借来的词汇。在1984年，卢森堡语被正式宣布为卢森堡的民族语言和官方语言。但其主要应用范围是家庭、学校和工作场所的日常口语。长期以来，卢森堡语一直是口语传播的状态，虽然有官方的正字法，但一直都没有得到贯彻，人们的书面语主要还是德语和法语。全国约有70%的人口使用卢森堡语作为母语，而同时有56%的人会说法语，31%的人会说德语。可以说，多语言性是卢森堡的一大特色。

说到德语，其实卢森堡人原本一直都是用德语作为主要书面语言，直到今天，德语依然是其报刊、书籍的主要语言，其互联网上的文章主要都是德语的。二战中德国强占了卢森堡，伤害了这里人民的感情，所以1944年之后卢森堡开始了大规模的法语化倾向，连国名都由原来的Luxemburg改为了Luxembourg。从那以后，该国的政府机构和高级中学都开始使用法语，其法律条文一律只用法语公布。所以在该国的法院里，经常会出现这种情况：大家都用卢森堡语交谈，法院的书记员用德语做记录，而法官或律师引用法律条文的时候都说法语。

有意思的是，卢森堡从1970年开始就是国际法语组织的成员；而且令人惊讶的是，它拒绝加入德语国家成立的正字法委员会，只派了观察员出席，但是后来正字法改革之后也在学校里引入了新的正字法。这也许就是我们很少会想起卢森堡也是德语国家的原因吧。

此外，比利时也是德语国家。它也有多种官方语言，分别是法语、荷兰语和德语。该国大约有近8万人为德语母语者，主要分布在东部与德国接壤地区，德语是三个官方语言中使用人数最少的语言。

总的来看，以德语为官方语言的国家共六个，它们的全称希望大家都记住：die Bundesrepublik Deutschland, die Republik Österreich, die Schweizerische Eidgenossenschaft, das Fürstentum Liechtenstein, das Großherzogtum Luxemburg, das Königreich Belgien。

3. "德国人的幸福地图"为什么不按行政区划来?

德国邮政出版的《德国人的幸福地图集》①里面有一张地图引起了笔者的注意。

在这张地图里,很显然没有按照德国正常的16个州的行政区划来进行划分,而是标注了19个地区。东部基本没有变化,还是五个州加一个柏林。西部这边,很多也不变,但笔者注意到:下萨克森州被分成了下萨克森(北海)与下萨克森(汉诺威)两个部分;北威州则一分为三,分别是威斯特法伦、北莱茵(杜塞尔

---

① https://www.dpdhl.com/de/presse/pressemitteilungen/2019/deutsche-post-gluecksatlas-2019.html,最后访问日期:2022年11月1日。

多夫）和北莱茵（科隆）；巴登–符腾堡州当然是分成了巴登地区与符腾堡地区；巴伐利亚州分为法兰克地区与巴伐利亚南部；只有一处地方合并了，那就是莱茵兰–普法尔茨与萨尔州并在了一起。

我们不禁要问：这是为什么呢？其实很简单。和中国一样，我们的省份是行政区划，但很多地区的历史与人文因素其实并不相同，例如苏南与苏北、皖南与皖北都是历史与人文很不同的地区。同样的事情也发生在德国。

以巴登–符腾堡州为例，我们注意到德语名称Baden-Württemberg两个中间是加了一个连接号的，这本身就说明它们其实在历史上是两个地区。这两个地区在拿破仑时期曾分属两个诸侯国，于是各自有了不同的认同感：巴登人虽然人种和方言与施瓦本人是类似的，但总觉得自己与施瓦本人不同，颇有点同城德比的感觉。

类似的德比感觉还出现在了北莱茵地区。虽然同属莱茵兰，但杜塞（杜塞尔多夫的简称）与科隆依然是一对"死敌"。全德国人都说：科隆的狂欢节是最棒的。杜塞人说：瞎掰！杜塞才是最好的！而威斯特法伦说穿了是萨克森公国最西部的区域，后来因为公国解体而归属了科隆大主教，后来慢慢与北莱茵地区发生了更多的联系。

下萨克森地区属于低地德语区，而汉诺威一带曾经是汉诺威王国的核心区域，北海一带则属于其他几个小诸侯。

巴伐利亚地区北部主要是法兰克，其实是当年的东法兰克地区，作为法兰克王国的主体部落。西法兰克就是今天的法国，而东法兰克地区主要是在巴登–符腾堡州（简称巴符州）和巴伐利亚州的北部，以维尔茨堡为中心。所以巴符州北部和巴伐利亚州北部都说法兰克方言。而巴伐利亚南部才是所谓的"拜恩"（巴伐利亚）人，他们与奥地利一带都属于古代的巴伐利亚部落。

莱茵兰–普法尔茨州以及萨尔州主要都是莱茵兰地区，历史上都和法国有着千丝万缕的联系。革命导师马克思当年背井离乡，首先就去的法国。萨尔州当年更是闹过独立，在二战后差点归属法国，后来经公民投票只以微弱多数勉强回归德国。

4. 为什么汉堡与不来梅是城市州？

众所周知，德国有三个城市州（Stadtstaat）。它们既是城市，同时也是联邦州，有些类似于中国的直辖市。它们分别是柏林、汉堡与不来梅。柏林我们很好理解，毕竟是首都嘛，江湖地位在这里呢，肯定算一个。但是为什么汉堡与不来梅也是城市州呢？这背后到底有什么渊源呢？

任何事物都有其历史的发展过程。以我国的直辖市制度为例，最初的直辖市并不是我们今天看到的北京、上海、天津和重庆。其实民国时期就有这个制度，当时称为"院辖市"，共有12个：南京市，北平市，广州市，大连市，上海市，青岛市，天津市，重庆市，哈尔滨市，汉口市，西安市，沈阳市。1949年以后，最初设立的直辖市有北京市、天津市、上海市、南京市、西安市、重庆市、广州市、武汉市、沈阳市、鞍山市、抚顺市、本溪市。后南京被降格为省辖市，成为省会，哈尔滨与长春成为直辖市。1954年之后，只保留了北京、天津和上海三个直辖市，其余均降格为省辖市。1958年，因为河北缺少省会，天津降为省辖市，成为河北省会，后于1967年重新恢复直辖。1997年，增加重庆为直辖市。

德国的城市历史则是另外一个发展过程。在神圣罗马帝国时代，城市的归属简单来说主要是三种情况：一种是属于世俗诸侯的城市；一种是直属于德意志皇帝的城市，我们称其为"帝国城市"（Reichsstädte）；还有一种是属于主教驻地的城市。

帝国城市因为直属于皇帝，因此享有一定程度上的自由与特权，尤其是较高的司法权。而那些主教驻地城市，到了中世纪末期，大约13—14世纪左右，逐渐摆脱了主教的统治。城市里的手工业者与商人逐渐掌握了城市的权力，他们制定了城市宪法，确立了自己的自治权，不再向皇帝交税和提供军队，因此这些城市被称为"自由城市"（freie Städte），主要有科隆、奥格斯堡、沃尔姆斯、施派尔、斯特拉斯堡和巴塞尔（Köln, Augsburg, Worms, Speyer, Straßburg, Basel）等。这些自由城市与帝国城市在帝国议会里拥有席位与投票权。它们一起参加帝国议会，因为情况类似，所以经常被统称为"自由的帝国城市"（Freie Reichsstädte）。

自由的帝国城市的数目时有增减。有的城市因为皇帝缺钱而被卖给了诸侯，因此丧失了自由的地位，但也有实力强劲的城市获得了越来越大的权力和地盘。1521年沃尔姆斯帝国议会上列出了85个自由的帝国城市，可能是数目最大的时候。到1792年，神圣罗马帝国还剩下51个自由的帝国城市。

　　但是在拿破仑战争期间，伴随着神圣罗马帝国解体，上述城市的直属地位也就随之被取消。有45个城市在1803年通过帝国议会的最后一次决议被其附近的领主们吞并。1806年神圣罗马帝国解体之时，还剩下6个自由城市：奥格斯堡、纽伦堡、法兰克福、不来梅、汉堡和吕贝克。到了1815年的维也纳和会，最终只承认汉堡、不来梅、吕贝克与法兰克福4座城市为自由城市，当地成立了所谓的"城市共和国"，不归属任何诸侯。1866年，普鲁士吞并了法兰克福，而汉堡、不来梅与吕贝克则作为自由的汉萨城市加入德意志第二帝国。一战之后，根据《凡尔赛条约》，但泽（Danzig）在1920至1939年间作为自由城市，被国联托管。1937年，吕贝克成了普鲁士的一部分。所以德国只剩下汉堡与不来梅两座自由城市。

　　在二战之后，德意志联邦共和国成立，依然承认这两座城市的自由地位，这也就是汉堡与不来梅是城市州的历史原因。

5. 什么是汉萨?

大家都比较熟悉一家航空公司叫做Lufthansa（汉莎航空），这个词里面的hansa其实来自著名的"汉萨同盟"。但是"汉萨"到底是什么意思呢？

hansa一词本属古高地德语词汇，意思大致是"一群武士或扈从"（Kriegerschar, Gefolge）。到了中古高地德语时期（1050年之后），这个词在声音上逐渐演变为hanse，而在含义上也从"武士"过渡到"商人的同业公会或合作社"（Kaufmannsgilde, Genossenschaft），被人们用来指代那些在国外经商的商人团体。

这些商人因为要去很远的地方行商，所以联合起来共同抵御可能出现的危险。最初是12世纪中叶，一些来自威斯特法伦、萨克森以及吕贝克等地的北德商人会定期坐船来到波罗的海的哥得兰岛（Gotland，今瑞典），逐渐形成了一个商人联盟。该联盟对外代表其成员处理法律事务，拥有自己的印章；大家职业与社会背景类似，还有着错综复杂的亲属关系，共同保护彼此的利益。当时在德国北部有很多类似的商人联盟，它们逐渐发展壮大，在俄罗斯的诺夫哥罗德（Nowgorod）、挪威的卑尔根（Bergen）以及英国伦敦等地都有活动的身影。

到了13世纪末期，德国的城市力量不断壮大，尤其是吕贝克逐渐取代了原来哥得兰在商社的领导位置，于是汉萨由原来的商人联合体演变成了国际性的城市同盟。北海和波罗的海以及内陆的一些帝国城市陆续加入，各个城市的商人可以在其他城市的办事处（Kontor）那里获得帮助，更快更安全地处理商业事务。其核心成员有大约70座城市（主要为德国城市），在15世纪最辉煌的时候，汉萨同盟大约有160个成员城市，力量一度极为强大。在1370年，汉萨同盟的战舰队甚至击败了丹麦国王的船队，迫使国王承认了汉萨商人们的所有权利。其贸易以海洋贸易为主，主要航线就是从俄罗斯的诺夫哥罗德经过里加、吕贝克、汉堡直到伦敦。其货物主要是俄罗斯的皮毛、波兰的粮食、北欧的鱼、德国吕内堡的盐、法国的葡萄酒等。

其中一项重要的货物，同时也是整个汉萨同盟的象征，就是鲱鱼。它由丹麦人捕捉，由德国商人贩卖，用吕内堡的盐进行腌制以方便运输，再用罗斯托克的木桶装着送到消费者那里。

但是随着新大陆的发现与新航路的开辟，以及德国三十年战争的爆发，曾经辉煌一时的汉萨同盟走向了没落。设在国外的办事处陆续关闭，只有吕贝克、汉堡与不来梅还在坚持汉萨传统。在1669年，汉萨同盟在举行了最后一次汉萨会议（Hansetag）之后彻底终结。不过它的精神一直传到了今天，并且被当地人视为非常重要的传统。所以我们今天还会看到不来梅以及汉堡说自己是Hansestadt（汉萨城市）。准确来讲，北德一共有7座城市是Hansestadt，分别是 Bremen（不来梅）、Hamburg（汉堡）、Lübeck（吕贝克）、Wismar（维斯马）、Rostock（罗斯托克）、Stralsund（施特拉尔松）以及Greifswald（格赖夫斯瓦尔德）。

　　总结一下：die Hanse或die Hansa最初指武士扈从，后来指商人同盟，最后指城市同盟。

6. 关于德国城市有哪些吐槽?

不知道大家是否在日常生活中接触过一些德国人吐槽自己城市的说法。我们一起来领略一下所谓的"德式幽默",同时也为你的语言库增加一些"武器",吐槽德国人时用。

有不少城市因为地理、历史或文化上相近相似,就会相互吐槽。比如经典的不来梅吐槽汉堡的段子:

Das Schönste an Hamburg ist die Autobahn nach Bremen!

(汉堡最美的地方就是通往不来梅的高速公路!)

当然这句话反过来用也没有问题。

作为"瑜亮"相互吐槽的不仅仅是不来梅与汉堡，还有科隆与杜塞：

> Über Köln lacht die Sonne, und über Düsseldorf die ganze Welt!
>
> （看到科隆，太阳笑了；看到杜塞，全世界都笑了。）
>
> （lachen 有"阳光闪耀"和"嘲笑"的双关含义，über 有"上方"和"关于"两个含义。）

倒过来说当然也可以。

法兰克福和奥芬巴赫同是美因河畔的城市，有人竟然提出了这样的口号：

> Lieber in Frankfurt sterbe, als in Offebach lebe!
>
> （宁可死在法兰克福，也不愿活在奥芬巴赫！）

而对于纽伦堡人来说，他们最讨厌就的就是旁边的菲尔特（Fürth），菲尔特人（Fürther）与 Vierter（第四）谐音，于是就有了"Lieber Fünfter wie Fürther"这个梗。这个句子不太好翻译，留给各位读者自行体会。

这种情绪不仅局限于德国国内，德国与法国之间的矛盾也体现在地处边界的萨尔州身上：

> Am unordentlichsten sind die Leute im Saarland – klar: Die Deutschen werden umso schmuddeliger, je näher es an Frankreich rangeht.
>
> （萨尔州人最不整洁——原因很清楚：越靠近法国，德

国人就越脏。）

　　作为还算有点历史和人口的城市，可能是因为缺乏特点，也可能是出于押韵的考虑，比勒菲尔德（Bielefeld）不知道为什么就被很多人选择成了吐槽的对象。

　　歌手写歌吐槽它：

　　　　Seh'n wir uns nicht in dieser Welt, seh'n wir uns in Bielefeld.

　　　　（如果我们不在这个世界见，那我们就在比勒菲尔德见。）

　　更有好事者在互联网上公开宣称所谓的"比勒菲尔德阴谋论"，宣称"Bielefeld existiert nicht"，即从各种角度恶搞论证这个城市其实根本不存在，它是美军制造的一个阴谋等。

　　位于下萨克森州的一座小城梅彭（Meppen）本来毫不起眼，估计没什么人听说过它，但是它却在口语中被用作表示世界尽头的感觉。有一个习语叫做bis nach Meppen，表示"距离很远，数量很大"或者其他程度很深的意思。

　　　　Ey, hast Du gestern gesoffen? Du hast'ne Fahne bis nach Meppen!

　　　　（你昨天是不是喝了好多酒？你身上的酒气能一直传到梅彭！）

　　　　Ich hab' heute bis nach Meppen Hausaufgaben auf.

　　　　（我今天作业多得一直能到梅彭。）

7. 什么样的城市能被称为"大学城"?

    这篇文章的缘起是笔者在查阅德国联邦统计局数据时的一个发现。

    那是一个关于德国城市的数据图表，上面的很多城市大家都比较熟悉。但是在这些城市的后面还存在着一些后缀，笔者就仔细看了一下。内容其实也都是大家比较清楚的事实：例如汉堡的后缀当然是"自由的汉萨城市"（Freie und Hansestadt），斯图加特的后缀是"州首府"（Landeshauptstadt）。但是排名第22位的曼海姆引起了笔者的注意。它的后缀上写着"大学城"（Universitätsstadt）。曼海姆有大学笔者当然知道，但曼海姆是大学城这个事儿，对于在曼海姆近邻的海德堡留过学的笔者来说，好像还是有点新鲜。国内大家常说海德堡是"大学城"，没怎么听说曼海姆也是。于是，笔者顺便就查了一下海德堡。

海德堡拥有德国最古老的大学，而且在很多文献里都被称为"大学城"，在这张表里的后缀就是简单的"城市"（Stadt）而已。这让笔者觉得有些困惑，于是就花了一下午的时间查找资料，终于大概弄清楚了事情的原委。

定义的问题

笔者发现，关于"大学城"本身的理解在汉语、英语和德语中是有差异的。

"百度百科"里面是这样介绍的：

> 大学城，指一种因为高等教育而形成的居民点城镇。一般来说，大学城形成于欧洲，率先出现在英美等一些高等教育发达的国家。大学发展过程中，大学发展规模扩大，有的大学聚集在一起，使得大学周边地区或大学校园本身成为具有规模的城镇，比如德国的柏林–洪堡地区和海德堡、瑞典的乌普萨拉等，人们把这种高等院校的集聚称之为"大学城"。①

也就是说，先有大学，然后慢慢周围聚集起人气，最后形成了城镇。这大概是我们对于"大学城"的粗浅理解。

---

① https://baike.baidu.com/item/%E5%A4%A7%E5%AD%A6%E5%9F%8E/844996?fr=aladdin，最后访问日期：2022年11月1日。

"维基百科"里面的英语介绍是这样的：

A college town or university town is a community（often a separate town or city, but in some cases a town/city neighborhood or a district）that is dominated by its university population. The university may be large, or there may be several smaller institutions such as liberal arts colleges clustered or the residential population may be small, but college towns in all cases are so dubbed because the presence of the educational institution(s) pervades economic and social life. Many local residents may be employed by the university – which may be the largest employer in the community – many businesses cater primarily to the university, and the student population may outnumber the local population.[1]

很显然，汉语的释义来自英语的理解，通常要求大学城是一个独立的城镇，或者至少是一块独立的区域，里面的人口以大学人口为主，与英国剑桥或牛津的情况相似。

类似的理解很显然多多少少也影响到了我们对于德语Universitätsstadt理解。但查阅了"杜登"之后，笔者发现德语的释义非常简单：

Stadt, in der sich eine Universität befindet[2]

---

[1] https://en.wikipedia.org/wiki/College_town，最后访问日期：2022年11月1日。

[2] https://www.duden.de/rechtschreibung/Universitaetsstadt，最后访问日期：2022年11月1日。

所谓的Universitätsstadt就是"拥有大学的城市"，只要一座城市里拥有至少一所大学，那么它就是Universitätsstadt。同样道理，德国还有Hochschulstadt和Fachhochschulstadt等。

教育和文化的标签

那么问题来了，既然只要有大学就可以叫"大学城"，那么为什么那张表里如柏林、汉堡这样的城市没有加上类似的后缀呢？

作为后缀，其实就是一个标签，标签的价值就是彰显主人的身份，但是标签也有分量的差别，有的标签令你增色不少，有的标签则形同鸡肋。而对于德国的大城市而言，"大学城"这样的标签没有太大的价值。在上图里，柏林后缀就是"城市"，颇有点"大道若简"的意思，感觉根本不用介绍自己，大家都应该知道。而对于汉堡而言，它有更好的标签，那就是它的历史文化传统，它曾经是直属于德意志皇帝的"自由城市"，也是代表商业传统的"汉萨城市"。对于斯图加特而言，它当然拥有大学，但是"州首府"则具有更好的效应，不需要再加上"大学城"这根羽毛。

但是对于中小城市而言，标榜自己拥有大学还是能够彰显出自己在教育文化领域的成就的，这就类似于我们在汉语世界里也会留意到"全国百强示范县"等字样的宣传。

来自官方的命名

但是问题又来了，同样是中小城市的海德堡或是弗莱堡为什么没有这个标签呢?

联邦统计局的那张图表用的是官方数据,所以里面的名称并不是随随便便加上的,而是得到了官方的认可的。众所周知,德国的教育权利主要在各州,根据相关要求,各州内部的城市要先申请,然后经过决议批准,才能正式被允许在某个地方使用"大学城"这个名称,并可以在其路牌(Ortstafel)上面写上相关的字样作为标记。

在巴登–符腾堡州,原本一共有8座城市开办综合性大学,但是只有其中的4个城市拥有"大学城"称号。图宾根(Tübingen)在州法令生效之前就一直在文件和路牌上使用这个称呼,所以一直延续下来。1979年,曼海姆(Mannheim)、乌尔姆(Ulm)和康斯坦茨(Konstanz)则经过申请被正式批准使用这个称呼。时至今日,"大学城"又增加了一个:由于之前慕尼黑理工大学在海尔布隆(Heilbronn)开设了新校区,于是该市决定提出申请给自己的城市后面增加后缀,并于2020年2月正式获得通过。这样,巴符州共有5座"综合大学城"。

但是,我们注意到,有着悠久历史的海德堡或者弗莱堡却依然没有这个标签。一方面可能是对它们来说,这个标签不是特别重要;另一方面,也可能是这些有着古老大学的城市不屑于追求这种标签,不管有没有官方许可,都改变不了海德堡与弗莱堡在大家心目中的地位。而且在2007年,在庆祝弗莱堡大学成立550周年之际,弗莱堡市政府干脆自己做了4个牌子,上面写着"大学城",放在路口。至于他们到底有没有得到州一级的认可,大家似乎都没有或者都不想去深究。大家似乎也就默认了。

弗莱堡可以摆老资格，但是个别小城市就没有这个权力了。同样是巴符州，2009年，莫斯巴赫（Mosbach）因为自己有了一个职业学院，就自行在路牌上添加了"高校城"（Hochschulstadt）的字样。结果没过几个月，就在斯图加特方面的要求下，市长亲自把牌子又给摘了下来。

德国的"大学城"

下面，我们就来看看，到底哪些城市正式拥有官方认可的"大学城"身份吧。从2018年的数据来看，德国共有9座城市拥有这个称号。巴符州的4个我们已经介绍过了，曼海姆、乌尔姆、图宾根和康斯坦茨；黑森州有两个，吉森（Gießen）和马尔堡（Marburg）；北威州一个有，锡根（Siegen）；下萨克森州有一个，克劳斯塔-采勒费尔德（Clausthal-Zellerfeld）；萨克森州有一个，弗莱贝格（Freiberg）。加上2020年新增加的海尔布隆，现在应该有10座。

而以下4座城市是"高校城"：黑森州的伊德施泰因（Idstein）、盖森海姆（Geisenheim），北威州的梅舍德（Meschede），萨克森州的米特韦达（Mittweida）。

这些地方的大学都有其历史传统或是特色，大家有兴趣的话可以去看看。

8.卡尔斯鲁厄的名字是怎么来的?

最近看的一本书里面提道:

> 卡尔斯鲁厄就安静地躺在森林与大河之间,无数辐射状的道路如蛛网般收聚,指向市中心那座著名的18世纪的宫殿。这是一座安静祥和的城市,据说,它的名字本身是由城市的建造者卡尔(Karl)和"安静"(Ruhe)一词所组成。对于科学家来说,这里实在是一个远离尘世喧嚣、可以安心做研究的好地方。①

---

① 曹天元:《上帝掷骰子吗?:量子物理史话(升级版)》,北京联合出版公司,2019年,第3页。

这样的讲法当然很漂亮，但多少可能还是有些牵强附会。这个城市名字的由来当然与此有关，但具体的传说却并非如此。笔者顺手搜索了几篇文章，里面有这样说的：

> 卡尔斯鲁厄是在不到 300 年前由巴登马格瑞夫·查尔斯·威廉（卡尔）Margrave Charles William（Karl）建立。Chales William 是依据他的梦想建立的这座城市。Karlsruhe，也可以被理解成"Charles 的回应"，意味着城市设计是对 Charles 的梦想的回应。传说他在夜里看到了一座扇形城市。建成卡尔斯鲁厄（"查尔斯"的回应），国王的梦想成真！[1]

这里的错误还是蛮多的。错别字 Chales 是一个，不知道 Charles 与 Karl 的关系是一个，马格瑞夫很显然直接音译了后面的 Margrave，完全不去查查英语里 Margrave 到底什么意思，就直接想当然地以为是名字。另外，"Charles 的回应"是什么？

也有这样说的：

> 卡尔斯鲁厄的英文写做"Karlsruhe"，"Karl"代表着"卡尔·威廉"，"Ruhe"的意思是"安宁"。当初，卡尔·威廉厌倦了战争，他希望自己兴建的这座新城能让他从战争中解脱出来，获得安宁和平静。真是美好的寓

---

① https://www.sohu.com/a/294211004_100299810，最后访问日期：2022年11月1日。

意啊！^①

这个"厌倦了战争"来得有点莫名其妙。

> 捐赠者和城市创始人（Stifter und Stadtgründer）：Margrave Karl Wilhelm（卡尔斯鲁厄 Karlsruhe）和 Eberhard Ludwig 公爵（路德维希堡市 Ludwigsburg）。^②

这段引文还是来自某个德语人文网站，这里也完全不管 Margrave 到底是什么。

其实，这里的 Margrave 是英语的表达，德语本身叫做 Markgraf，即所谓的德意志帝国的"边疆伯爵"。边疆地区被分封给一些诸侯，他们的爵位大致在伯爵与公爵之间，或翻译为"藩侯"。而建造这座城市的就是巴登–杜拉赫藩侯卡尔三世·威廉（Markgraf Karl III. Wilhelm von Baden-Durlach，1679—1738）。从名字就可以看出，其原来的宫殿所在地是在杜拉赫，从1565到1715年间，历代巴登–杜拉赫藩侯均在这里居住。

---

① https://passport.weibo.com/visitor/visitor?entry=miniblog&a=enter&url=https%3A%2F%2Fweibo.com%2Fttarticle%2Fp%2Fshow%3Fid%3D2309404656355570221367&domain=.weibo.com&sudaref=https%3A%2F%2Fwww.baidu.com%2Flink%3Furl%3DmLs6erZbxtDFIjgzdokMN-8GuI-rZ5TxjenxIEYD6gDB6o6BDaq9rHjn5MV7lOPxobsSTIE92nrXf7mFpSfe5N7yctNUdn4oG56bF21w51q%26wd%3D%26eqid%3Dc15b904700002f490000000463573cdb&ua=php-sso_sdk_client-0.6.36&_rand=1666661599.6862，最后访问日期：2022年11月1日。

② https://sino-german-dialogue.tongji.edu.cn/38/df/c7120a145631/page.htm，最后访问日期：2022年11月1日。

但是到了卡尔三世·威廉这里，他试图扩建他的宫殿与花园，扩大整个城市的规模，并且修建笔直的道路。但是他的计划遭到了杜拉赫居民的强烈反对，他们拒绝拆迁，不愿放弃自己的土地，甚至也不愿意放弃原本弯弯曲曲的城市小路。这一切都让藩侯非常恼火。

于是他跑到附近的哈尔特森林（Hartwald）狩猎散心。在追逐猎物的过程中，他逐渐与队伍脱离，最后疲惫地坐在一个橡树树桩上休息。心里想着搬迁宫殿的事情，他慢慢睡着了，几个小时后才从睡梦中醒来。他的侍从们花了很长时间才找到他，他对他们说："我从来没有像刚才那样睡得如此舒爽！作为纪念，我想在这里建起我的居所，就叫它'卡尔斯鲁厄'（即卡尔的休憩之所），我还要在树桩这里建一个教堂，将来有一天我还要安葬在这里。"

随即他命人在这个地方做了标记，不久之后，卡尔斯鲁厄便在这里破土动工。因为是新建城市，所以不会像天然城市那样错综芜杂，而是可以更好体现设计者的理念。而这个城市的突出特点是呈现扇形排布。卡尔斯鲁厄王宫是城中的核心建筑，道路和其余建筑都以王宫为中心点呈扇形铺展开来，如同太阳光一般向四周辐射，共"放射"出32条道路，这也是卡尔斯鲁厄最独具匠心的设计。

原来橡树树桩的位置被教堂的祭坛所代替，祭坛下面是一个小墓穴，卡尔·威廉自去世以来一直安葬在该墓穴中。后来教堂被拆除，让位给市政广场，人们在墓穴的上方树立起一个小金字塔。

上面有一块碑铭：

Hier, wo Markgraf Karl einst im Schatten des Hartwaldes
Ruhe suchte und die Stadt sich erbaute, die seinen Namen
bewahrt; auf der Stätte, wo er die letzte Ruhe fand: weiht ihm dies
Denkmal, das seine Asche verschließt, in dankbarer Erinnerung
Ludwig Wilhelm August, Großherzog, 1823.

（卡尔藩侯曾在这里，在哈尔特森林的树阴中寻找休憩
之所，并且建造了这座以他的名字命名的城市。为了永远地
铭记他，我在他最后的安歇之所这里，为他修建了一座封存
他骨灰的纪念碑。路德维希·威廉·奥古斯特大公，1823 年）

这就是卡尔斯鲁厄名字的大致由来。

9. 那个过"中国狂欢节"的德国小镇
到底在哪里？

笔者看了一篇文章，忍不住想吐槽一下：

> 然而，在德国的巴瓦利亚州，有一个叫迪特福特的小镇，每年2月，老外过年比我们还热闹！（《这个德国小镇居民自称"中国人"，中文是官方语言，春节比我们还热闹？》）①

这个"巴瓦利亚"到底是怎么回事？一般人可能会质疑一

---

① http://k.sina.com.cn/article_1766006574_69431f2e019014p9u.html，最后访问日期：2022年11月1日。

下文章作者的素质就算了，但是有考据癖的笔者又继续搜索了一下，原来是德国人自己写错了：

巴伐利亚一词，是Bavaria一词的音译，这里面的字母v应该读［v］的音，所以德国人按照发音就自己写了"巴瓦利亚"，殊不知我们中国人约定俗成的却是"伐"。发音上他们虽然是正确的，但却没想到中国方面音译的时候如此随性，这也许就是跨文化交际很吊诡的一点吧。姑备一个资料，供好事者详论。

但其实在查这个问题之前，笔者先做了另外一件事情，那就是查找这个"迪特福特"小镇到底是哪个。笔者当时还没有看到上面的图片，就纯粹凭借着发音去查。首先是"迪特"，这个时候就是你的德语语感发挥作用的时候了，"迪特"可以有多种写法，Dit, Ditt, Diet, 等等，但是你的语感会告诉你，Diet是最合理也是最常见的；然后是"福特"，涉及德国的地名时furt的概率会比较大，于是笔者就在维基百科德文版里搜索，刚输入到

"Dietfu..."的时候，就已经有Dietfurt的提示出现，然后就得到了下面的资料[1]：

Dietfurt

Dietfurt ist der Name oder Namensbestandteil folgender Orte

in Deutschland:

- Dietfurt an der Altmühl (amtlich *Dietfurt a.d.Altmühl*), Stadt im Landkreis Neumarkt in der Oberpfalz, Bayern
- Dietfurt in Mittelfranken (amtlich *Dietfurt i.Mfr.*), Ortsteil der Stadt Treuchtlingen, Landkreis Weißenburg-Gunzenhausen, Bayern
- Dietfurt (Inzigkofen), Ortsteil der Gemeinde Inzigkofen, Landkreis Sigmaringen, Baden-Württemberg
- Dietfurt (Löffingen), Ortsteil der Stadt Löffingen, Landkreis Breisgau-Hochschwarzwald, Baden-Württemberg
- *Dietfurt (Rott)*, ursprünglicher Name der beiden Ortschaften Unterdietfurt und Oberdietfurt im Landkreis Rottal-Inn, Bayern

in Österreich:

- Dietfurt (Gemeinde St. Peter), Ortschaft in der Gemeinde St. Peter am Hart, Bezirk Braunau am Inn, Oberösterreich

in Polen:

- *Dietfurt*, vom 12. Juni 1941 bis 1945 Name der Stadt Żnin in Polen

in der Schweiz:

- Dietfurt SG, Dorf in der Gemeinde Bütschwil-Ganterschwil, Kanton St. Gallen

---

稍微扫一眼，你就会看到最后面提到了这个地点在哪个州，于是就直接先点击第一个Dietfurt an der Altmühl，因为它在Bayern（巴伐利亚）。于是，笔者就顺利了看到了这样的资料[2]：

Regelmäßige Veranstaltungen [Bearbeiten | Quelltext bearbeiten]

Weit bekannt ist der Dietfurter Chinesenfasching am Unsinnigen Donnerstag, dem Donnerstag vor Rosenmontag.

原来中国狂欢节的名字叫做"迪特福特中国狂欢节"（Dietfurter Chinesenfasching），它的日期就是在狂欢节"玫瑰星期一"（Rosenmontag）之前的那个周四。顺便说一下，狂欢节一般叫Karneval，而德国南部与奥地利则叫Fasching，而这个周四也有一个专门的称呼"胡闹星期四"（der Unsinnige Donnerstag）。而2018年的"胡闹星期四"恰好是2月8日，和我们的春节日期比较接近，给人错觉好像是德国人在过中国春节。其实真的不是，他们过的是自己的狂欢节，和我们没关系。

---

[1]　https://de.wikipedia.org/wiki/Dietfurt，最后访问日期：2022年11月1日。

[2]　https://de.wikipedia.org/wiki/Dietfurt_an_der_Altm%C3%BChl，最后访问日期：2022年11月1日。

该地的地名Diet其实和deutsch同源，就是民众的意思，而Furt则是浅滩或渡口，所以这个地方最初应该就是个德国人的渡口。

在该小城的主页www.dietfurt.de上，很醒目地出现了一个"Bayrisch China"，点击之后我们发现了这个节日的由来。

原来，在很久以前，德国艾希施泰特（Eichstätt）的主教发现，迪特福特这个归属于他的领地缴纳的贡品和税赋太少，他就派了一个财政主管去调查一下情况。结果当地居民提前听说了这个消息，于是紧闭城门，不让他进。这个财政主管只能悻悻而归，愤怒地向主教抱怨说，这些迪特福特的居民给他感觉就像是一群"中国人"，躲在自己修的城墙后面，根本不理睬主教的财政主管。于是这个地方的人就被戏称为"中国人"。现存的证据表明，1869年该地居民就已经使用了这个戏称。但直到1928年才正式出现了所谓的"中国狂欢节"（Chinesenfasching）的狂欢活动。

所以从这个情况来看，当地居民的"中国人"称号感觉和"修长城闭关，抠门不交税"这样的偏见有一定的语义联系。所以大家不要因为外国人有了一个"中国节"就沾沾自喜哦！

10. 关于Orient都有哪些误解？

笔者在上阅读课时讲到了马克斯·韦伯的《新教伦理与资本主义精神》，前言里有这么一句话：

> Und auch die Schaffung von kapitalistischen Assoziationen mit gesonderter Betriebsrechnung findet sich in Ostasien wie im Orient und in der Antike.

意思大致是说：在Ostasien, Orient以及Antike也都可以看到，使用自有账簿的资本主义联合体的发展。

笔者就问同学们，有没有注意到有什么特别之处。那就是在韦伯那里，Ostasien和Orient是并列的关系。

我们通常理解，我们是东方，东方用德语说是Orient，那么我们中国就是Orient。这其实完全是误解。

查阅"朗文"，你就会发现上面关于Orient是这样解释的：

1. der（Vordere）Orient das Gebiet von Ägypten, dem Iran und den Ländern dazwischen ≈ der Nahe Osten（埃及、伊朗以及它们之间的国家，相当于近东）

2. der Orient（1）und das Gebiet der Länder im Osten vom Iran bis einschließlich Bangladesch ≈ Morgenland（第一条含义再加上东方从伊朗到包括孟加拉国在内的地区，相当于Morgenland）[①]

而"杜登"上的说法是：

vorder- u. mittelasiatische Länder（近东及中亚国家）[②]

从韦伯的例子以及两本词典的例子不难看出，Orient指的不是亚洲，或是我们常常理解的东方。德语中Orient的概念专指从埃及到印度，即近东到中亚这一部分地区，这才是西方人的东方概念。因为从古至今，与他们打交道的也主要就是这一地区的人民。

---

① "Orient," Großwörterbuch Deutsch als Fremdsprache, 2009, https://de.thefreedictionary.com/Orient，最后访问日期：2022年11月1日。

② https://www.duden.de/rechtschreibung/Orient，最后访问日期：2022年11月1日。

而与之相反，中、日、韩等太平洋沿线的国家和地区其实完全不在Orient的范围之内，是欧洲人地理认知之外的东西，后来地理大发现之后才将其称为der Ferne Osten，即远东。"远东"其实和清末称呼西方"泰西之地"基本上一个原理，都是原本地理认知之外新认识的东西。

所以，很多国内学者大谈特谈萨义德的"东方主义"（Orientalismus），其实完全没有理解这背后的历史和文化内涵，完全是把自己硬往里面套。让我们重新看一下西方人的地理概念。正常来说，你知道世界分成好几个大洲，例如欧洲、亚洲、非洲、美洲等；但请大家仔细想想，如果把一片大陆称为一个洲的话，那么欧洲根本就不是一个大陆，更不是一个洲。我们亚欧大陆其实是一块大陆。他们欧洲人将自己这片称为欧洲，其实完全是文化视角，而不是地理视角。

政治经济篇

11. 皇帝和国王到底有什么区别?

一个人一旦达到了某种境界或是获得了某种地位，就有觉得用普通的称呼远远不足以形容自己，一定要另辟蹊径，为自己上"尊号"，以显示自己的不同凡俗。而作为尘世间的最高统治者，君主们更是如此。夏朝称"后"，商代称"帝"，周天子称"王"，而到了秦始皇，觉得自己"德兼三皇，功盖五帝"，把两者结合起来，创造性地称自己为"皇帝"，于是成了后世中国两千年帝制社会最高统治者的称呼。究其本意，据郭沫若考证，"皇"与"帝"都是"太阳闪耀，泽被四方"的意思，颇有埃及人崇拜太阳神拉与阿蒙的味道。而周朝原本的"王"则成了比皇帝低一个层次的尊号，例如朝鲜曾经是中国属国，一直都称自己的统治者为"国王"，直到清末看到中国不行了，才有了称帝之心。而越南君主对内称"大越皇帝"，对中国则称自己为"安南国王"。这些大概就是汉语中"皇帝"与"国王"的区别。

小的时候读翻译小说，也会看到"皇帝"与"国王"的字眼，想当然地以为，国外的君主也真的就是这样叫的。长大以后才明白，其实"皇帝"与"国王"只不过是我们用来翻译外国统治者的汉语对应词而已，事实上，根本没有一个欧洲国家的君主叫"huangdi"或是"guowang"。一个有趣的现象是：我们耳熟能详的"可汗""法老""哈里发""苏丹"似乎都是来自中东和近东的游牧民族，而"皇帝"和"国王"这两个中文式译名好像只针对欧洲的君主。这里面是因为我们距离欧洲太过遥远，所以无法准确知道其发音？还是说在我们心目中，只有欧洲才与我们这个民族地位相匹配？希望好事者多多研究。

但是，直译或音译的好处是能够保留原来语言的风貌，而类似"皇帝"这样的意译法则因为读者自身文化背景的理解或期待而多多少少与其原意有所扭曲。我们中文读者难免会从我们中国人自己对"国王"和"皇帝"一词的理解出发来想象德国人的König或是Kaiser。

在德语中，König一词来源于古德语的kuning和中古高地德语的künic，意思大致是"出身高贵的男子"之意。这也是König一词与中国国王的第一个本质区别：西方一直都是贵族社会，只有出身高贵家族的人才有机会成为国王，而中国人民早就已经发展到了"王侯将相，宁有种乎"的新阶段。虽然我们一直都有所谓"天潢贵胄"的说法，但中国人的贵族谱系早已不可考证。

而德国的Kaiser则来源于古罗马统治者恺撒的名字Gaius Julius Caesar。Caesar本是一个绰号，传说Caesar的祖先曾在与迦太基人的第一次布匿战争中杀死了一头大象，据说在迦太基语中"大象"就是Caesar，他也因此获得了这个绰号，后来这个绰号演变成了家族的姓氏。而在恺撒作为独裁者被暗杀之后，后来的统治者为了表示自己权力的合法性，纷纷为自己加上了Caesar这个姓氏。首先这么做的当然是他的甥外孙兼养子屋大维，但屋大维并不满足，他还从元老院得到了尊号Augustus（奥古斯都，意即高贵伟大者）。与此同时，屋大维还称自己是罗马军队的统帅Imperator。（是不是和德语命令式Imperativ这个词很像？没错，这个词就是发号施令的意思。）从此以后，罗马帝国的领袖的尊号就成了Imperator Caesar Augustus。直到西罗马帝国毁灭，东罗马帝国彻底希腊化之后，他们的君主就不称自己为Augustus了，而采用了希腊语的Basileus（巴塞勒斯，大致是伟大者之意）。

罗马帝国虽然毁灭了，但它所建立的庞大帝国与灿烂的文化却对于周边那些游牧民族有着极大的影响力。这也就涉及欧洲"皇帝"的核心特点：虽然罗马帝国不在了，但是后起的那些蛮族总觉得自己是其继承人，这就好比汉朝灭了以后，匈奴人刘渊也称自己是"汉王"一样。继承罗马帝国的伟大传统，成了后世无数欧洲君主孜孜不倦的追求和梦想。为了证明自己是正统的罗马帝国继承人，最简单的办法就是来到罗马（有点日本战国"上洛"的意思），找到上帝的代理人教皇，让他给自己加冕。因为罗马教廷可以算是罗马帝国在精神世界的遗存，同时他们还代表上帝，让教皇来加冕涂油可谓是一举多得。于是，从查理曼大帝开始，"皇帝"的加冕必须由教皇来完成。后世的奥托则直接建立了所谓的"神圣罗马帝国"。

当然，这么做的前提是，你的实力要够强，强到罗马教廷都承认你的地步。因为，国王只需要偏安一隅即可，但皇帝则一定要有足够的野心，建立一个像罗马一样的庞大帝国。所以，普通的国王只要找个主教来加冕就可以了，而皇帝的加冕则需要教皇，这就是两者的一个很重要的区别。但是，这也使得罗马教廷的权力获得了极大扩张，君权与教权之间的权力斗争成为中世纪的一条主线。于是，1356年神圣罗马帝国皇帝查理四世颁布《金玺诏书》（Goldnene Bulle），其目的是要把德意志统治者的选举牢牢地置于七名选帝侯的手中。候选人只要得到多数票即可继承皇位，不必另行讨论，这样就可以不理睬教皇提出的对竞选者进行考察和对选举进行批准的要求；而皇帝空位时，由萨克森公爵和莱茵兰–普法尔茨伯爵担任摄政，这又否定了教皇的摄政要求。到了16世纪中叶，请教皇来加冕的仪式也被逐渐废弃了。这里也反映了教权和君权的此消彼长。当然，这里还涉及了德语中的皇帝与中国皇帝的另一个不同，他们是选举产生的。

在整个欧洲历史上，继承罗马帝国的主要就是神圣罗马帝国皇帝，所以他们称自己为Kaiser（恺撒）。据说俄国莫斯科大公娶到了东罗马帝国的末代公主，所以也把自己看作罗马帝国的继承人。于是他也从Caesar一词出发，给自己取名叫Zar（沙皇）。除了这两家之外，其他基本上都是国王。需要注意的是，神圣罗马帝国皇帝的地位其实和周朝的天子差不多，大家虽然都承认你是共主，但都有各自的地盘；皇帝要想让这些人听他的，还是要手里兵强马壮才行，一旦实力不济，很容易就被强大的诸侯所忽视。而英文中emperor与法文empereur则来源于罗马皇帝的另一个尊号Imperator，指的其实就是军队的统帅。还是五代十国的人说得透彻："天子者，兵强马壮者为之。"在法国历史上，之前都是清一色的路易国王，只有一个拿破仑用武力搞定了一切，经过教皇加冕，又是威权赫赫，所以也成了"皇帝"。而威廉一世也是通过武功统一了德意志，加冕为德意志帝国皇帝。这也许就是历史给我们的训导吧。

总结一下，德语里的皇帝主要就是实质上或名义上统治一大片区域，这个区域内有很多国王或诸侯，所以两者确实有点类似中文里皇帝与国王的关系，这也许就是之前的翻译家如此翻译的原因吧。但是，区别主要是三点：首先，德国皇帝一心认为自己是罗马帝国的继承人；其次，他们是经过选举产生的；最后，也是最重要的一点，他们是教皇加冕的。

12. 什么是选帝侯?

　　学德语的同学，经常会听到"选帝侯"（Kurfürst）这个词，我们今天就来讲讲这个词的内涵。

　　在中世纪的德意志土地上，王位继承通常有两种途径：一是血统继承（das Geblütsrecht），二是选举（die Wahlmonarchie）。

　　以最早的法兰克王国来说，其墨洛温家族与加洛林家族的王位基本上都是血统继承。后来法兰克王国一分为三，其中的东法兰克王国发展成了今天的德国。东法兰克王国成分较为复杂，主要是以四大日耳曼部落为支柱，即萨克森人（Sachsen）、法兰克人（Franken）、施瓦本人（Schwaben）和巴伐利亚人（Bayern）。

七大选帝侯，由左至右：科隆大主教、美因茨大主教、特里尔大主教、莱茵兰-普法尔茨伯爵、萨克森公爵、勃兰登堡藩侯与波希米亚国王。[①]

后来东法兰克王国的加洛林家族绝嗣，当时的贵族又不大希望由来自西法兰克王国的加洛林家族成员来继承这个王位，于是在公元911年，大家共同推选了同属于法兰克部落的康拉德继承大统。康拉德死后，来自萨克森部落的"捕鸟者亨利"又被帝国大会推选为东法兰克王国的国王，成为第一个非法兰克部落出身的德意志国王。

在当时，选举国王并没有固定的规程，王公贵族以及平民都

---

① https://de.wikipedia.org/wiki/Kaiser_Heinrichs_Romfahrt#/media/Datei:Balduineum_Wahl_Heinrich_VII.jpg，最后访问日期：2022年11月1日。

有一定的权利参加选举。不过总体来看，主要是上述四大部落的贵族决定了整个王位的归属。但这一制度依然是选举与血统的混合品，因为当选的亨利死前指定自己的儿子奥托一世继位，奥托王朝因此得以建立。只有在一个王朝出现绝嗣的情况时才进行真正的选举。

伴随着封建制度的不断深化，诸侯势力的不断增长，决定王位的权力逐渐被局限于某些特定的王公贵族身上。到了12世纪下半叶，尤其是1198年之后，人们确认，特里尔、美因茨与科隆大主教（die Erzbischöfe von Trier, Mainz und Köln）及莱茵兰-普法尔茨伯爵（der Pfalzgraf bei Rhein）四个人必须参加国王选举的投票。而在后来德国最古老的法典《萨克森明镜》中又明确，上述德意志境内最古老主教教座的三大主教以及三个世俗的、同时在王国内担任重要职务的诸侯莱茵兰-普法尔茨的伯爵、萨克森公爵（der Herzog von Sachsen）以及勃兰登堡藩侯（der Markgraf von Brandenburg）六人在国王选举中拥有显著的地位。而同样担任宫廷重要职务的波希米亚国王（der König von Böhmen）却被排除在外，因为他不是德意志人。

到了1257年之后，选举国王的权力则开始完全由上述（加上波希米亚国王在内的）七个人来承担。人们将他们称为"选帝侯"（Kurfürst）。这里的Kur不是"疗养"的意思，而是来自古高地德语kuri，即"选举"之意。直到今天，德语中的küren还是选举的意思。

尽管对国王的选举权已经赋予帝国内宗教或世俗的主要诸

侯，但争议与分歧从来没有停止过。尤其是罗马教皇对选举的干扰导致了许多争议。例如，1314年，巴伐利亚的路易与奥地利的腓特烈同时被帝国境内对立的诸侯选为国王。路易最终在战场上战胜了他的对手，并尝试在1338年颁布的《伦斯（Rhense）宣言》中将选王的过程制度化，以排除教皇的干扰并限制选帝侯的权力。而作为路易的继任者，查理四世在1356年《金玺诏书》中更精确地贯彻了这些原则，正式确认了上述七大诸侯的权力。同时规定，帝国首次明确了多数投票表决原则：只要七位选帝侯中的多数四位表决同意就足以选出一个新的国王，而剩余三位选帝侯无法阻碍这一既定事实。此外，教皇的影响也被彻底排除，一旦国王选举出来，他就自动获得"皇帝"头衔，不需要再专门前往罗马找教皇加冕。从此，这一制度被确定下来，成为神圣罗马帝国最重要的法律文献，直到1806年德意志民族神圣罗马帝国（das Heilige Römische Reich Deutscher Nation）正式解体，堪称那个时代的"联邦基本法"。

13. 德国是美国的殖民地吗?

有一个关于德国的新闻（环球网发布的一篇文章《美国明确警告德国：用华为就减少情报分享》[①]），在国内引起了大家的注意，因为它也涉及中国。

有人之后贴出了所谓的来自德国总理的反击《我们自己做主！默克尔猛击美国"涉华警告"》[②]，认为这是德国对美国"直接打脸"。

---

① https://baijiahao.baidu.com/s?id=1627779338525909604&wfr=spider&for=pc（发布日期：2019年3月12日），最后访问日期：2021年5月7日。

② https://baijiahao.baidu.com/s?id=1627906632897341369&wfr=spider&for=pc（发布日期：2019年3月13日），最后访问日期：2021年5月7日。

其实，如果仔细阅读文章内容我们就知道，默克尔其实并没有表示反对，而是说要和欧洲伙伴以及美国方面继续探讨该问题。我们一般都认为德国是一个独立的主权国家，但其实从二战结束之后，一直以来都有关于"德国乃美国殖民地"的传言。例如，你不用打开谷歌，你只需要打开必应，输入"Deutschland, Kolonie der USA"等词语，就会出来很多相关的词条。

这些文章的内容大同小异，都强调了现代德国的特殊历史情况，即二战之后被盟军占领的情况。后来在西部和东部各自成立了两个德国。但是，从法理上来看，需要指出的一点是：按照国际法规定，正常两个国家结束战争之后，应该签署和平协定，正式结束之前的战争状态。但事实上，联邦德国从未与英、法、美等国签订过和平协定，所以，从法理上来讲，德国依然处于被占领的状态。

虽然1990年，为了最终解决德国问题，两个德国还与四个占领国共同签署了《最终解决德国问题的条约》，即著名的"2+4方案"。美国、苏联、英国、法国四国放弃在德国原先拥有的特权，但是需要指出的是，这依然不是国际法意义上的和平协议。

而联邦德国也一直没有"宪法"，只有所谓的"基本法"（Grundgesetz）。在《基本法》的最后一条，是这样写的：

Art. 146

Dieses Grundgesetz, das nach Vollendung der Einheit und Freiheit Deutschlands für das gesamte deutsche Volk gilt, verliert seine Gültigkeit an dem Tage, an dem eine Verfassung in Kraft tritt, die von dem deutschen Volke in freier Entscheidung beschlossen worden ist.

（第一百四十六条

在完成德国之统一与自由后适用于全体德意志人民之本基本法，于德意志人民依其自由决定制定之宪法生效时失其效力。）

也就是说，在最初制定这部《基本法》时，人们的预期是德国重新实现统一，然后再依照人民自决的原则制定宪法，取代这部《基本法》。但是，在德国统一后的今天，我们发现，德国依然使用的是《基本法》，而不是宪法，而这第一百四十六条依然还在上面。

这里面的历史与现实政治原因很复杂，因此有人提出了所谓的"阴谋论"，认为美国在签订"2+4方案"之后，还秘密地同德国方面又签订了一些新的条约来保障自己的利益。你还别说，这一阴谋论的支持者真找到了一些间接证据。一个就是曾与前总理维利·勃兰特共同制定"新东方政策"的德国政治家埃贡·巴尔（Egon Bahr）在回忆录中撰写的一个章节，叫做"三封信与一个国家机密"。里面讲道，勃兰特刚刚就职，当晚就被要求签署三份文件，保证英、法、美三大占领国的在德利益问题。勃兰特一开始表示拒绝，结果听说在他之前的所有总理都签了，于是也跟着签署了这三个文件。这个回忆录在《时代周报》网站上就可以看到。

　　当然，我们可以说那是在两德统一前，两德统一后德国已经摆脱了这种从属地位。伴随着"斯诺登事件"被揭露，我们发现默克尔的电话原来也被美国方面窃听。但德国方面的反应似乎很平淡，这也不得不让不少怀疑论者认为，虽然有"2+4方案"，但美国方面很有可能依然与德国政府签订了秘密的条约，保持了它在秘密警察与军队方面的绝对权威，德国政府对此无能为力。

　　而5G技术很显然涉及德国的国家安全和秘密警察问题，所以引来了美国方面的掣肘，这似乎也是符合逻辑的。当然，真实情况到底如何，我们无从知晓。但可以肯定的一点是，默克尔或者德国方面肯定不会随随便便就打美国的"脸"的。

14. 德语国家的国庆节是哪天?

　　国庆节实际上是一个现代性概念,因为只有伴随着近代民族国家的形成,国庆节才正式作为一个概念进入人们的视野。而所谓近代民族国家,我们指的其实主要就是"共和国"这种政体。从这个意义上来讲,只有成立了共和国,才有所谓的国庆节。君不见,类似英国、日本等君主国家或是梵蒂冈这样的教宗国家等,其实都没有真正的国庆节。他们所谓的"国庆节"其实就是君主的生日或是教皇的就职日而已,而且换了一任君主或教宗之后,庆祝的日子也会随之改变。

　　国庆节当然也是一个国家节日中政治性最强的节日。这种政治性当然是一个民族国家的形成或诞生有着莫大的关联。在近现代，民族国家的诞生通常是与其独立与解放联系在一起的。例如，1949年10月1日，毛主席的一声宣告标志着"中国人民从此站起来了"，中国从此走上了独立富强的道路。这种民族独立与解放的主题可以说是世界上大多数共和国的国庆日由来。这种传统，我们当然可以追溯到美国的独立战争以及法国人民攻占巴士底狱，这两者无一例外都成了后来两国的国庆日。不过如果我们继续向前追溯，我们发现，瑞士的国庆节与其独立历史其实更加悠远。

瑞士的国庆节名字不叫Nationalfeiertag，而叫Bundesfeier，即联邦庆祝日。而瑞士联邦成立的日子据说可以追溯到中世纪晚期的1291年。那一年，瑞士中部三个州乌里、施维茨和翁特瓦尔登（Uri, Schwyz und Unterwalden），趁哈布斯堡家族衰落之际结为"永久同盟"（Ewiger Bund），签订了共同防御协定（Bundesbrief 1291），奠定了瑞士作为独立国家的基础。

但是，这个协议上并没有出现具体的日期，而只是说"从8月初开始"人们就在起草这份协议，而且也没有说明是在1291年。之所以被确定在1291年，是因为首都伯尔尼人的一个倡议。1891年正好是伯尔尼城市建立六百周年，人们为了凑趣，于是就说这份协议签订于1291年，到1891年正好是六百周年，可谓是"双喜临门"，然后就把8月1日定为了国庆日。这就是瑞士国庆节的由来。

奥地利的国庆节也与其国家重获主权有关系。众所周知，

1938年3月纳粹德国吞并了奥地利，所以二战期间奥地利是作为德国的一部分参战的。盟军解放奥地利后，它又被苏、美、英、法军占领，全境划分为四个占领区。1955年5月，四国与奥地利签署《重建独立和民主的奥地利国家条约》，宣布尊重奥地利的主权和独立。同年10月，占领军全部撤走，奥地利重新获得独立。1955年10月26日是根据该条约的规定奥地利的领土上第一天没有外国军队驻扎的日子，奥地利国民议会根据奥地利联邦宪法追溯这一天为奥地利永久中立的起点。为了纪念这一永久中立地位的取得，奥地利人就将10月26日作为国庆节。

德国的国庆节，大家都很熟悉，又叫做"德国统一日"（Tag der Deutschen Einheit），也就是庆祝1990年10月3日的两德统一。因此10月3日就是德国的国庆节。而德国给世界还造成了一个非常深刻的影响，那就是很多国家纷纷将德国法西斯投降的5月8日或9日定为庆祝日。有兴趣的同学可以查找一下。

15. SPD是什么意思？

当你看到SPD这三个字母的时候，如果你想到的是浦发银行（上海浦东发展银行，Shanghai Pudong Development Bank），说明你是个中国人。

但假如你学了德语，那么你首先想到的则是德国的一个政党SPD。

没错，这就是德国最具传统的大党社会民主党（Sozial-demokratische Partei Deutschlands），隶属左翼阵营。有人不禁要问：到底什么是左翼？什么是右翼？

让我们举个例子：面对一个乞丐，你会有什么感觉？你是觉得这很正常，没什么好可怜的，乞丐沦落到现在的境地肯定是咎由自取，肯定是好吃懒做，不思进取，这个世界本来就是很现实的，人与人不可能是平等的，人必须通过自己的努力才能成功呢？还是觉得，他好可怜，为什么同样是人，却有人要受这样的苦；觉得这不公平，这是政府和社会的过错，他们有责任去帮助这些人，让这些人过上更好的生活呢？在德国，如果你选择前者，那么你就是右翼的；如果是后者，你就是左翼的。

所以，"公平正义"与"社会福利"就是左翼阵营或者说欧洲所有社会民主党人共同的核心价值观。记得上大四的时候，殷桐生老师就跟我们提过，德国实行的是社会市场经济（Sozialmarktwirtschaft），这个翻译其实不大准确，其实应该叫"社会福利市场经济"。也就是说，在德语中sozial一词不能简单地翻译成"社会"，尤其在政治或经济框架下，一定是与"福利"的意思相联系的。

16. 英国脱欧是"拿破仑的诅咒"吗?

英国就要脱欧了,这并不令人意外。

其实我们早就注意到了,在欧盟内部,英国是一个多么特殊的存在。它不参加欧元区,依然使用自己的英镑;它不参加申根协定,欧盟其他国家的人去英国依然需要额外的签证;欧盟最后已经同意给予它在欧盟内部"特殊的地位",但是它还是公投"脱欧"了。

有人说,英国之所以脱欧是因为拿破仑,还起了个名字叫"拿破仑的诅咒"(der Fluch von Napoleon)。英国与欧陆一直都是两个格格不入的法律体系,即英美的"判例法系"与欧陆的

"大陆法系"。大陆法系的鼻祖就是大名鼎鼎的《拿破仑民法典》，伴随着拿破仑征服大半个欧洲，这部法典及其代表的原则也被包括德国在内的众多国家所接受。但是很遗憾，一直未被拿破仑征服的，甚至最后反而将其击败的，是英国。胜利者一定不会觉得自己还有什么需要改进，或者还有什么特别需要向击败的对象学习的地方，这就决定了英国不可能接受以《拿破仑民法典》为基础的大陆法系，而是坚持自己的法律体系。这也就造成了英国与欧陆之间一直以来的格格不入。

如果继续深入发掘原因，我们还会发现，这其实是双方世界观的对立问题。众所周知，以法国笛卡尔为代表的理性主义（或称唯理论）强调演绎法，即首先确定原则，然后根据原则进行逻辑推演，确定更多的细节；而英国自约翰·洛克以降都是经验主义（或称经验论）的拥趸，他们提倡归纳法，即首先强调经验的重要性，原则应该由实际经验中总结出来。所以，大陆法系首先确定自由、平等、博爱等原则，然后进行演绎推定；而英美法系当然是坚持判例和实际经验，从经验中总结归纳自己的法律原则。双方看问题的角度一直存在差异，虽然他们都坚持所谓的"理性原则"，但对于什么是"理性"却有各自不同的理解。

所以我们看到，凡是法国确立的东西，英国一般都不大感冒。法国确立了现代的公制度量衡体系，而英国却依旧故我。所以，我们看到，欧陆用"米"，英国用"英尺"；欧陆用"千米"，英国用"英里"；欧陆用"克"，英国用"盎司"；欧陆用"千克"，英国用"磅"；欧陆用"升"，英国用"加仑"；

欧陆靠右行驶，而英联邦国家却都靠左。

笔者年轻时觉得英国人怎么这么麻烦，这么不合群，如今却觉得英国很可贵。因为它的存在告诉我们，这个世界通向美好和成功的道路不是只有一条，总是存在着另外一种可能性。让我们珍惜这种独特性吧，不然这个世界就太无聊了。

17. 什么是Pfalz?

　　了解德国地理的人可能知道，德国有一个州叫Rheinland-Pfalz，即莱茵兰-普法尔茨。莱茵兰很好理解，也就是莱茵河流经的地区。那么普法尔茨是什么意思呢？这就要从德国的历史说起。

　　对比中德两国历史，我们会注意到一个很重要的区别：中国是大一统国家，有一个明确的首都作为政治中心；但是在中世纪的德国，情况却完全不同。

　　当时的德国国王或国王经教皇加冕后变成的神圣罗马帝国皇帝没有永久的住所，因为国家没有首都。在中世纪早期和中期，他就在他的王国里旅行，这种政权被称为旅行王权（das Reisekönigtum）。当时的统治者可以说是浪游的皇帝（Wanderkaiser）。

一方面，旅行王权有助于帮助统治者下基层，更好地了解帝国的情况；但同时也是为了更好地控制地方的诸侯，增强帝国的凝聚力。在中世纪，统治主要是通过个人关系行使的，国王或皇帝会寻求与诸侯的个人接触。当然，更为重要的是，当时的德国生产力比较落后，宫廷的经济需求只有通过旅行才能得到满足。因为当时的大部分地区都不具备长期供应较大数量人群吃喝的能力。与其把食物送到皇宫，不如让国王或皇帝到处巡游。这其实就是一种统治者的觅食行为。

那么国王或皇帝住在哪里呢？就是住在本文的主题词Pfalz里面。Pfalz一词来源于古高地德语phalanza，后者则来自中世纪拉丁语palatia（Pl.），也就是Palast（宫殿），相当于汉语的"皇帝行宫、行在"。

根据国王或皇帝出行的速度，一般差不多每隔30公里就有一个Pfalz。所以德国全国各地都有Pfalz，或者也叫Königspfalz。这些行宫很多建在城市里，国王或皇帝和全部随行人员都住在那里。对于城市居民来说，国王或皇帝来的时候，是他们艰苦工作的时候：他们必须提供食物，做很多事情，以便国王或皇帝过得舒服。过一段时间后，国王或皇帝继续前进。

行宫一般会有一个大殿，国王或皇帝可以在里面接待使节或举行会议。还有一座小教堂和一座庄园，为国王或皇帝的大批随行人员提供住宿。

国王或皇帝不在的时候，行宫就交给Pfalzgraf（行宫伯爵）来管理。中世纪早期和中期，莱茵兰地区的行宫伯爵很早就获得了比较特殊的地位，因为在无论加洛林王朝、萨利王朝还是施陶芬王朝，这里都是王朝统治的重要地区。随着时间的推移，人们把这片地区统称为Pfalz。这就是今天普法尔茨地区的由来。

　　这个旅行王权有些类似于辽代的"四季捺钵"制度，有兴趣的读者可以去查阅一下。

18. 《共产党宣言》首句中的"幽灵"是怎么来的?

本文简单介绍一下关于《共产党宣言》的首句翻译问题。

1920年陈望道先生第一个全译本里是这样处理的："有一个怪物，在欧洲徘徊着，这怪物就是共产主义。"[1]之所以这样处理，其实原因很简单，留学日本的陈先生依照的是日译本："一個の怪物がヨーロッパを徘徊してゐる。すなはち共産主義の怪物である。"至少在这首句上，陈先生其实翻译得比较容易，日语里的汉字直接拿过来就用了，但是日语中的汉字含义可能未必与汉语完全相同。

之后，1930年华岗在陈望道译本的基础上根据英译本进行翻译，对于第一句几乎没有修改："有一个怪物正在欧洲徘徊着——这怪物就是共产主义。"[2]

1938年，成仿吾与徐冰本第一次根据德语重新翻译，第一句被译为："一个巨影在欧罗巴踯躅着——共产主义底巨影。"[3]变化主要有两处：名词Gespenst译为"巨影"，而动词um/gehen译为"踯躅"。

1943年，博古第一次将Gespenst翻译为"幽灵"："一个幽灵在欧罗巴踯躅着——共产主义底幽灵。"[4]"幽灵"本是古汉语，即死者的灵魂，例如："昔东海孝妇，见枉不辜，幽灵感革，天应枯旱。"（《后汉书·卷四八·霍谞传》）"祈幽灵以

---

① 马格斯、安格尔斯：《共产党宣言》，陈望道译，社会主义研究社，1920年，第1页。

② 转引自杨哲：《〈共产党宣言〉华岗译本考》，辽宁人民出版社，2020年，第129页。

③ 马克思、恩格斯：《共产党宣言》，成仿吾、徐冰译，"马克思恩格斯丛书·第四种"，解放社，1938年，第15页。

④ 马克思、恩格斯：《共产党宣言》，博古校译，解放社，1943年，第18页。

取鉴，指九天以为正。"（南朝梁刘勰《文心雕龙·祝盟》）

以上翻译者均是党员，1949年前唯一以非党员身份翻译《共产党宣言》的是陈瘦石，他在1945年从英译本翻译了宣言："一个精灵正在欧洲作祟——共产主义的精灵。"[1]Gespenst被处理为"精灵"（英语本为specter），而umgehen被处理为更中文化的"作祟"。

1949年莫斯科《共产党宣言》百周年纪念版（唯真本）将首句翻译为："一个怪影在欧洲游荡着——共产主义底怪影。"不过一个积极的变化是，umgehen第一次被处理为"游荡"。《共产党宣言》首句的这个译法基本上一直维持到1964年单行本出版之前。

1964年，中央编译局校订、人民出版社出版了《共产党宣言》单行本："一个幽灵，共产主义的幽灵，在欧洲徘徊。"[2]这个单行本把Gespenst译为"幽灵"并确定下来。

1964年单行本的这一译法通行30多年之久，一直维持到1995年。1995年，《马克思恩格斯选集》第二版第一卷将首句翻译为："一个幽灵，共产主义的幽灵，在欧洲游荡。"[3]该版把umgehen译为"游荡"并确定下来，从而把整个句子确定下来。

---

[1] 转引自方红：《〈共产党宣言〉陈瘦石译本考》，辽宁人民出版社，2020年，第77页。

[2] 马克思、恩格斯：《共产党宣言》，中共中央马克思恩格斯列宁斯大林著作编译局译，人民出版社，1964年，第23页。

[3] 《马克思恩格斯选集（第二版）（第一卷）》，中共中央马克思恩格斯列宁斯大林著作编译局编译，人民出版社，1995年，第271页。

此后2009年《马克思恩格斯文集》、2012年《马克思恩格斯选集》第三版、2014年人民出版社《共产党宣言》单行本，对这句话没有再作改动。

以上是《共产党宣言》首句翻译的历史变化情况。

而学界对首句中译的见解似乎可以因Gespenst译法的不同倾向分为两派，一派嫌"鬼气"不够，一派嫌"鬼气"过重。一派认为"幽灵"还不到位，或者说还不足以反映Gespenst的"鬼"的氛围。而另一派则嫌"鬼气"太重，认为"幽灵"有些过了，太近于"鬼"，对于共产主义太过贬损了。

为了解决这个问题，我们还是要回到这两个关键词：Gespenst与umgehen。

首先，Gespenst在"杜登"词典里被解释为"Furcht erregendes Spukwesen"[①]，即令人恐惧的（人形）鬼魂，所以其实就近似于汉语的"鬼"。

其次，umgehen是Gespenst的固定搭配动词，指的是人死了以后，鬼魂在某地漫无目的地游荡。这似乎是欧洲鬼魂存在的一种基本想象，与汉语中的"作祟"还不一样，它更多的是游荡，而不是害人。

但是，为什么马克思会把共产主义称为Gespenst呢？其原因很简单，1846年德国学者卡尔·冯·罗特克（Carl von Rotteck）与卡尔·维尔克（Carl Welcker）在他们编撰的《国家辞典：为各

---

① https://www.duden.de/rechtschreibung/Gespenst，最后访问日期：2022年11月1日。

个阶层提供的国家科学百科全书》（*Staatslexikon. Encyklopädie der sämmtlichen Staatswissenschaften für alle Stände*）中就已经提到："近几年来，共产主义在德国成了人们议论的话题，而且已经成为具有威慑力的幽灵（Gespenst）；在它面前，一些人感到恐慌，另一些人则借此制造恐慌。"①

所以《共产党宣言》的第一句话其实在某种意义上是借用了这一说法，并以此引出自己的宣言。现在的汉译本也并没有什么问题。

（本文受中共中央党史和文献研究院徐洋老师的文章《马克思恩格斯为什么称共产主义为"幽灵"？——〈共产党宣言〉首句中译文的演变》启发而成，在此特别鸣谢！）

---

① Carl von Rotteck und Carl Welcker（Hrsgs.），*Staatslexikon. Encyklopädie der sämmtlichen Staatswissenschaften für alle Stände*，Dritter Band, Altona, 1846, S. 290.

19. 最有价值的11个德国品牌是什么?

国际品牌咨询机构Interbrand发布了2021年全球品牌100强榜单，苹果蝉联冠军，华为再次成为中国唯一上榜品牌。前十名依次为苹果、亚马逊、微软、谷歌、三星、可口可乐、丰田、奔驰、麦当劳、迪士尼。[①]

而德国这边，一共有11家公司入选100强。请先不要看答案，自己猜猜，然后再确认一下自己的眼光吧。

第十一名：MINI，汽车品牌，价值52.31亿美元，全球排名第96。

_____

① https://interbrand.com/best-global-brands/,最后访问日期：2022年11月1日。

MINI原本是英国品牌，后来被宝马集团收购，目前总部设在德国慕尼黑。

第十名：DHL，德国邮政敦豪集团，价值67.47亿美元，全球排名第80。

敦豪物流公司不能算土生土长的德国企业，它其实是美国企业，后来被德国邮政收购，目前总部在德国波恩。

第九名：Siemens，西门子，价值110.47亿美元，全球排名第60。

西门子公司是全球领先的电子与电机公司，并活跃于能源、医疗、工业、基础建设及城市业务等领域。公司由维尔纳·封·西门子于1847年创立，总部在慕尼黑和柏林。

第八名：Porsche，保时捷，价值117.39亿美元，全球排名第58。

保时捷是德国大众集团旗下的汽车品牌，总部位于斯图加特，由费迪南·保时捷在1931年创办。

第七名：Adidas，阿迪达斯，价值133.81亿美元，全球排名第49。

阿迪达斯是德国体育运动品牌，成立于1948年。阿迪达斯一词来自创始人阿道夫·达斯勒（Adolf［Adi］Dassler），总部位于巴伐利亚纽伦堡附近的小镇黑措根奥拉赫（Herzogenaurach）。该镇也是运动品牌彪马的总部，两家的创始人还是兄弟关系。两人的恩怨有机会大家可以去查查。

第六名：VW，大众汽车，价值134.23亿美元，全球排名第47。

大众是全球第一大汽车制造商，在纳粹的支持下成立于1938年，总部在下萨克森州的沃尔夫斯堡（或叫狼堡）。

第五名：Audi，奥迪，价值134.74亿美元，全球排名第46。

奥迪是德国大众集团旗下的汽车品牌，主要从事豪华与高性能汽车制造，总部位于巴伐利亚的英戈尔施塔特（Ingolstadt），1969年成立，公司前身可以追溯到1873年，据说四个环代表了四家最初合并的公司。

第四名：Allianz，安联，价值151.74亿美元，全球排名第34。

安联成立于1890年，是全球最大的金融服务公司，主要业务是保险，是德国最大的保险公司。总部位于德国慕尼黑。

第三名：SAP，思爱普，价值300.90亿美元，全球排名第20。

思爱普是德国软件企业，主要经营企业资源管理软件，成立于1972年，三个字母分别代表Systeme, Anwendungen, Produkte。总部位于德国巴符州的瓦尔多夫（Walldorf）。

第二名：BMW，宝马，价值416.31亿美元，全球排名第12。

宝马是德国汽车品牌，成立于1916年，原为飞机发动机制造厂，后于1922年改为现在的名字，其全称为Bayerische Motorenwerke（巴伐利亚发动机制造厂），总部位于慕尼黑。

第一名：Mercedes-Benz，梅赛德斯-奔驰，价值508.6亿美元，全球排名第8。

梅赛德斯–奔驰是戴姆勒集团旗下汽车品牌，以豪华和高性能著称。最早可以追溯到1893年，品牌的创始人是戈特利布·戴姆勒和卡尔·本茨这两位德国出身的工程师，而梅赛德斯原本是奥地利汽车销售商耶利内克的女儿的名字，有"优雅"之意。最早的梅赛德斯汽车出现在1901年。总部位于斯图加特。

在这11家公司当中，汽车公司占据超过半壁江山，共有6家，可以看出汽车行业对于德国品牌树立的重要意义。另外软件、金融服务、运动、电子（含多种经营）以及物流各一家。德国经济中心明显是南部，其中巴伐利亚州有6家（慕尼黑4家），巴登–符腾堡州3家（斯图加特2家），只有大众和敦豪分别在下萨克森州与北威州。

20. 哪些美国公司具有"德国血统"？

德语移民及其后代乃美国第二大族裔，约占美国人口比例的17%。从17世纪到20世纪，大约有800多万移民从德语区的德国、奥地利、瑞士等地辗转来到美国，并在那里安家落户、生根发芽，并且对于美国人的生活产生了强烈的影响。我们就来看看一些由德国移民或者德国后裔成立的公司。

1. 安海斯–布希（Anheuser–Busch）

世界上最大的啤酒企业安海斯–布希公司成立于1852年，其名字来自创始人艾伯哈德·安海斯（Eberhard Anheuser）和他的女婿阿道弗斯·布希（Adolphus Busch），两人均是德国移民。著名的百威啤酒就是女婿借鉴了捷克的酿造工艺创制出来的。

2. 波音（Boeing）

飞机制造商波音公司的创始人威廉·爱德华·波音（William Edward Boeing）是德国移民第二代，他父亲原来的名字是威廉·波音（Wilhelm Böing）。

3. 亨氏（Heinz）

营养食品公司亨氏集团成立于1869年，其创始人亨利·约翰·亨氏（Henry John Heinz）是德国移民第二代。

4. 卡夫（Kraft）

2015年3月25日，亨氏宣布将与卡夫合并成为全球第五大食品和饮料公司——卡夫亨氏公司。而与亨氏一样，卡夫的创始人詹姆斯·卡夫（James Lewis Kraft）也是德国后裔，不过是第三代，其祖父原名弗朗西斯·克拉夫特（Francis Krafft）。

5. 施坦威（Steinway）

施坦威钢琴的名字相信学钢琴的同学都听说过。1853年，来自德国的移民海因里希·施坦威（Heinrich E. Steinweg）和儿子们一起创立了这个钢琴界的顶级品牌。为了本土化，他将德语名字里的weg改为了way。

6. 好时（Hershey）

巧克力公司好时的创始人密尔顿·史内夫里·赫尔希（Milton Snavely Hershey），其先祖是18世纪来自瑞士的门诺派教徒。其祖先最初的名字当是Hirschi。

7. 惠好（Weyerhaeuser）

惠好公司是全球最大的林业公司。其创始人是弗里德里克·韦尔豪泽（Friedrich［Frederik］Weyerhäuser）是一个来自德国的移民。公司名字将德语的ä写成了ae。

8. 西屋（Westinghouse）

西屋电气公司是美国重要的电气设备制造商和核子反应器生产者。其创始人乔治·威斯汀豪斯（George Westinghouse）是德国后裔。其先祖来自德国威斯特法伦，先是移民英国，后来辗转来到美国。其原来的德国名字应当是Westinghausen。

9. 古根海姆（Guggenheim）

犹太裔的古根海姆家族是美国最富有的家族之一。其先祖是1847年来到美国的瑞士移民迈耶·古根海姆（Meyer Guggenheim）。目前该家族主业为投资公司。

10. 洛克菲勒（Rockefeller）

美国最富有的另外一个家族当然是大家耳熟能详的洛克菲

勒家族。其先祖最早可以追溯到约翰·彼得·洛克菲勒（Johann Peter Rockefeller），他于1723年左右从莱茵兰地区来到了费城。而其后裔则是后来的世界首富约翰·戴维森·洛克菲勒（John Davison Rockefeller）。

21.什么是"隐形冠军"?

　　本文介绍一个在企业界和管理界很知名，但是在日耳曼学界毫无名气的人物，他就是赫尔曼·西蒙（Hermann Simon）。他的书可以帮助更多的同学了解德国的国情，更好地了解德国的中小型企业。

　　赫尔曼·西蒙于1947年生于莱茵兰–普法尔茨州的小镇哈斯博恩（Hasborn），在科隆和波恩读了经济学之后，先后在比勒费尔德和美因茨等地担任教授，同时也自己开办了咨询公司，而且著书立说，专门研究那些在世界市场居于领先地位的中小型企业。这些中小型企业的特点是只有专业领域知晓，但普通民众并不熟悉，所以他称其为"隐形冠军"（英：Hidden Champions；德：heimliche Gewinner），并撰写了一系列以"隐形冠军"为主题的管理与经济类书籍，大受世界读者的欢迎，好几本也被翻译成了中文。

众所周知，德语区的中小型企业（KMU，Kleine und mittelständische Unternehmen）是德语区经济的支柱。虽然从名气上来看，诸如大众这样的大企业当然家喻户晓，但事实上，地区经济的主要动力却并不在这些大企业，而是构成其经济主体的中小型企业。很多的中小型企业，凭借出色的技术和一流的业绩，在某些不起眼的领域或是某些非终端的行业中占据了显著地位。

当然，也因为他们太低调了，所以很多企业根本不为人所知，成了不知名的世界市场领导者（unbekannte Weltmarktführer）。尤其是制造业，集中了大量这样的企业，这显然也与我们平时说的德国人的"工匠精神"有密切的关系。它们成为世界一流企业的原因很简单，那就是业务的聚焦和深耕。它们坚信，产品的独特性只能由企业内部产生，而不能通过外包从市场上获得。

你听过福莱希（Flexi）吗？全世界伸缩狗链70%的市场份额被这家公司所占据。务实（Utsch）呢？它专门从事汽车车牌的生产。因福斯（Invers）呢？它是汽车共享系统的行业领先者。永本兹劳尔（Jungbunzlauer）是每一瓶可口可乐所需的柠檬酸的制造者。戈特沙尔克（Gottschalk）是欧洲唯一的图钉生产商。卓达（Trodat）是图章制造领域的世界领导者。还有阿莱（Arri）的摄影机和萨拿（Sachtler）的三脚架，克莱斯（Klais）的管风琴，司坦格尔（Stengel）的过山车，海蓝德（Hillebrand）的葡萄酒运输，旺众（Wanzl）的机场行李推车，等等，各种各样的产品背后，都有这些隐形冠军的身影。是这些低调的企业，让我们的世界更美好。

三
| Drei |

文化名人篇

22. 为什么他们被视为德国的五位顶尖大师？

德国人习惯于把从中世纪以来到现在的时间称之为Neuzeit
（新时代），这个新的时代也就是我们常说的近现代。这个新
时代与之前的中世纪的区别在于，它是从人的自身出发去谈这
世间的一切，而不再是通过上帝或其他形而上的概念。人自身的
能力与局限成了这个世界变革的最核心的内生动力。德国人在这
方面做出了很多贡献。这其中就有五位大师，分别在各自的领域
内对于人类世界给出了自己的诠释或表达。这五位大师也因此成
了人类历史上顶尖的人物，他们是：丢勒、路德、巴赫、康德和
歌德。

丢勒（Albrecht Dürer，1471—1528），德国最伟大的画家，人本主义时期唯一堪与文艺复兴三杰相抗衡的德国画家。他的自画像、木刻与铜版画开创了欧洲艺术的一个新时代。

路德（Martin Luther，1483—1546），宗教改革家，1517年发表了《九十五条论纲》，掀起了整个欧洲世界的巨大变革。新教由此形成，欧洲历史进入了一个新的阶段。

巴赫（Johann Sebastian Bach，1685—1750），德国最伟大的音乐家，作曲家，堪称"西方音乐之父"。

康德（Immanuel Kant，1724—1804），近代西方哲学的集大成者，开创了哲学史上"哥白尼式的革命"。德国哲学从此成为人类文化的宝贵财富。

歌德（Johann Wolfgang von Goethe，1749—1832），德国文学的杰出代表。在他之前的德国文学一直处于二三流的地位，他的出现让德国人扬眉吐气。德国终于有了属于自己的世界文学大师。

观察这五位顶尖大师的生平，我们发现了一些有趣的情况。

首先，他们都是市民阶层出身。丢勒的父亲是金匠，路德的父亲是矿工，巴赫的父亲是音乐家，康德的父亲是马鞍匠，歌德的祖父是商人，父亲是富二代。这也是整个近现代市民阶层崛起的一个缩影，市民阶层在各个领域都做出自己的突出贡献。需要指出的是，德国人很少用"资本主义"一词来指称"新时代"以来的德国社会，而更喜欢用"市民社会"（die bürgerliche Gesellschaft）一词。有趣的是，这五个人里面最小的歌德最后被封为贵族，我们似乎可以说，这标志着德国市民阶层最终得到了整个上流社会的承认。而他接受贵族封号本身也证明，德国的市民阶层更为和平稳健，不像法国人那么爱革命。

其次，五个人都接受过教育，教育可以说是市民阶层得以崛起的最关键因素。丢勒在家乡的一个画师那里做学徒，游历过意大利；路德是博士；巴赫出身音乐世家，上过专门的学校；康德是博士也是教授；歌德在大学里学的是法学。

再次，从他们的出生与游历地点可以看出德国经济实力的变化。丢勒出生在南部巴伐利亚的纽伦堡，那个时代德国最具影响力的一个帝国城市。从路德时代开始，紧邻着巴伐利亚的萨克森王国成为最具实力的诸侯国，境内经济不断飞速发展。路德的维滕堡，巴赫的莱比锡，都曾是重镇。康德生于东普鲁士的哥尼斯堡，恰逢普鲁士王国崛起。歌德的出生地法兰克福是帝国议会所在，多次被法国侵占。我们大致可以说，德国的经济与权力中心逐渐由南向北和向西推进。

最后也是最为重要的是，这五个人所代表的领域分别是绘画、宗教、音乐、哲学、文学，这也是人类精神世界的五大领域，其变迁也反映了人对于自身的观察。人开始用肉眼观察自己，丢勒是第一个将自画像这种题材提升到艺术高度的大画家。而且他的自画像采用正面肖像的形式，在之前只有画耶稣的时候才会用到，这反映了人开始将自己放在与神平等的地位。随后宗教改革应运而生，人从宗教上打破了罗马教廷的束缚，中世纪彻底终结。新教登上历史舞台，而基督教首先是与教堂音乐联系起来的，所以宗教改革后出现的第一个大师就是巴赫，一位新教的音乐大师。音乐是人类内在灵魂的声音，所以德国人逐渐关注起了内心世界，新的音乐形式引起了内心世界的变革，于是康德出现了。他把时间与空间都看作人天生具有的局限性，从这个局限性出发来探讨人的认识问题。人类对于自身的关注也逐渐深入，由最初的绘画到宗教到音乐到哲学，最后终结于文学，因为文学乃对一切人类活动的总结，所以文学也是最后一位顶尖大师出现的领域。我们还可以发现，德国人的精神确实是内敛的，丢勒之后崇尚外在的德国画家一直比较低调，反而是宗教、音乐、哲学和文学上的人才不断涌现，这似乎是我们在研究德国文化史时需要思考的问题。

23. 五位顶尖大师的祖先是哪里人?

之前我们谈了德国人文领域的五位顶尖大师的相关情况。其实还有一点没有说，在这五个人里面，真正属于所谓"纯正德意志日耳曼人血统"的只有两位。一个是巴赫（Bach），这个姓是小溪的意思，估计巴赫的祖先居住在小溪边，便以此为姓。后来的贝多芬还感慨过：他老人家不是小溪，而是音乐的海洋。另外一位则是路德（Luther），这个姓据考证来自Luder，而Luder在德语中是猎人用来引诱猎物的食饵或羽毛，所以这个姓应该和猎人这个职业有很大关系。路德家族世世代代居住在萨克森–安哈尔特州的艾斯莱本（Eisleben）附近的村子莫拉（Möhra），据说那里至今还有路德家族的人生活。

丢勒的父亲其实来自匈牙利一个叫做Ajtós的村子，这个词在匈牙利语中其实是"门"（Tür），于是他到了德国之后，就为自己取名为Thürer，表示自己是来自"门村"的"人"。据推测，这个姓应该和做门的木匠这个职业有关系。后来为了适应法兰克当地的发音，他就将姓改成了Dürer。

康德则是苏格兰后裔，他的祖先据哲学家自己说是来自苏格兰。当时有很多苏格兰商人和手工艺人在东普鲁士地区，他们家最早的姓氏是Cant，这是一个在苏格兰东海岸比较常见的姓氏，后来才根据德国发音改成了Kant。就像德国音乐大师亨德尔原名是Georg Friedrich Händel，后来到了英国就改名叫George Frideric Handel。

至于歌德，则有证据表明他的祖先可以追溯到13世纪土耳其与欧洲战争期间的一位土耳其被俘虏的军官Sadok Seli Soltan，所以歌德其实是土耳其后裔。在阿拉伯世界还流传着歌德是穆斯林的传说。歌德本人确实对东方文化比较喜爱，不知道有没有这方面的原因。

五位伟人的姓氏都很普通，要么是小溪，要么是猎人或木匠；出身也不怎么高贵，要么是马鞍匠，要么是裁缝；祖籍更是很多样，有匈牙利、苏格兰和土耳其。所以从这个意义上来讲，德国其实一直都是一个很市民化的移民国家，外来移民为德国带来了无比丰富的人才，根本就没有所谓的纯种的雅利安人，那都是纳粹分子捏造出来忽悠世人的。我们看看希特勒本人就知道了，他本身似乎没有哪个外貌特征与所谓金发碧眼的雅利安人相吻合。所以，总结来看，德国的移民政策还是对的，关键还是要看德国人如何用自己的智慧妥善处理各种矛盾。

24. 天文学家开普勒还是占星大师?

开普勒的名字相信很多学过物理学的同学都很熟悉。他是德国杰出的天文学者和数学家,发现了著名的行星运动的三大定律,史称"开普勒定律"。他对天文学的贡献几乎堪与哥白尼相比,为牛顿发现万有引力定律奠定了实验基础。

华伦斯坦这个名字,也许很多中国读者未必熟悉。但熟悉德语文学作品的人都知道,席勒的历史剧《华伦斯坦》三部曲乃席勒戏剧的巅峰之作。华伦斯坦是波希米亚贵族出身,后因缘际会成为三十年战争天主教哈布斯堡王朝一方的军事统帅,取得了一系列的胜利,堪称一代军事天才,但最后却意外陨落。

这样的两个人物，他们之间的故事到底和占星术有什么关系呢?

　　约翰内斯·开普勒（Johannes Kepler），生于1571年，家乡是斯图加特附近的魏尔（Weil，今天的Weil der Stadt）。一看出生地，你就知道他大概率是个喜欢技术的施瓦本人。他的祖父曾是该市的市长，但是到了他父亲这一代就已经家道中落。他的父亲迫于生计不得不常去国外当雇佣兵，而他的母亲精擅草药，甚至曾被指控有"女巫"的嫌疑。他是个早产儿，自幼体弱多病，但天资聪颖，很早就表现出良好的数学天赋，而且在母亲的启发下，对于天文星相产生了浓厚的兴趣。虽然家境贫寒，但他还是上了当地的拉丁学校，父母的理由是："除了这个，他干啥都不行。"他后来进入修道院学校学习（其中还有著名的毛尔布隆修道院），于1589年进入蒂宾根大学学习新教神学。他的老师梅斯特林（Michael Mästlin）让他接触到了哥白尼的日心学说，并让他接受了系统的数学和天文学训练。

　　当时的开普勒依然是以神学为主要事业和晋身阶梯，而且终其一生，他都是虔诚的教徒，有着很深的宗教情怀。不过他对于占星术一直都非常感兴趣。在1594年，23岁的开普勒来到奥地利格拉茨的新教学校，任数学教员以及地区政府的数学技师。作为政府的数学技师，他负责制订《星历表》（*Ephemeriden*），也就是我们中国所谓的"黄历"。里面会有天象资料，例如日食、月食、行星运动资料、恒星时、月相，还有一些小行星在特定时间的位置，有些还会列出太阳系天体每月位置，其赤道坐标位置、黄经等。和我国的黄历一样，有的占星日历表也会给出相关的"宜忌"事项或预言。

这时的星历表当然是以地球为中心来进行计算的，而作为哥白尼的信徒，开普勒试图发展一种以日心说为基础的占星方式，可以说是古老传统与当时最新科技的结合。结果似乎是喜人的。初来乍到的开普勒当年就给出了下一年的预言：冬天会非常寒冷，而且土耳其人会入侵。结果全部应验，于是大家开始承认他作为占星学者的实力，并且纷纷请他占卜。这也成了他个人收入的一个重要来源。

到了1600年，由于新教与天主教的冲突愈演愈烈，作为新教徒的开普勒不得不挈妻携子来到布拉格，成为皇家数学家和天文学者第谷（Tycho Brahe）的助手。在后者逝世之后（1601），他继任成为皇帝鲁道夫二世的皇家数学家与占星学者，并在当年发表了一篇论述占星术的文章《论占星术的可靠基础》（De Fundamentis Astrologiae Certioribus），尝试将古希腊毕达哥拉斯的宇宙和谐理论与日心说等最新科学结合起来，为占星术找寻更为可靠的基础。

他依然继续每年的星历表撰写和预测。对于1618年，他做出这样的预言："明春不论气候还是行星的运行都使人偏于争斗，而且肯定在5月里爆发。"结果1618年5月，布拉格发生了著名的"掷出窗外事件"（Prager Fenstersturz），受到迫害的新教教徒聚集起来将两位帝国大臣连同一名书记官从城堡里扔出窗外。有意思的是，虽然距离地面足足有17米，但是由于三人是沿着墙面滑落而不是坠落，并且当天下雨地面松软，三人又恰好落在粪堆上，他们竟然没有骨折，并且能够马上起身逃跑。这个事件引发了捷克反对哈布斯堡王朝的起义，进而导致了著名的三十年战争。

而最具传奇色彩的是他与三十年战争统帅华伦斯坦之间的故事。在1608年，当时名不见经传的26岁的华伦斯坦，因为平时就比较相信占星术，并且听说开普勒的预言很准，于是动了请他为自己占卜的念头。但是由于自己地位不高，他辗转托人将自己的生辰八字以匿名的方式送到开普勒面前，请他测算。开普勒根据数据制作了下面这样的星图[①]：

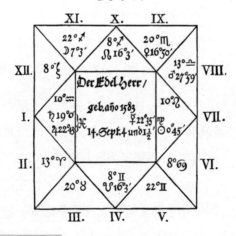

---

① https://commons.wikimedia.org/wiki/File:Kepler-Wallenstein-Horoskop.jpg，最后访问日期：2022年11月1日。

开普勒认为：

> （此人）忧郁警觉，酷爱炼金术、魔法和通神术，蔑视人类以及一切宗教的戒律习俗，怀疑一切，不论是上帝所为还是人的作为。……因为月亮显得很卑劣，所以他的这些特征将变成为引人注目的缺点，他将受到那些和他打交道的人的蔑视，他将被看作是一个怕见阳光的孤独野人。他残忍不仁，目中无人，放荡淫乐，对下属严厉凶狠，贪得无厌，到处行骗，变化多端，他常常沉默不语，暴躁易怒，好争好斗。……成年以后，大部分恶习都将被磨去，而他的这些不寻常的品性会发展为坚强的办事能力。在他身上还可以看到争名夺利的强烈欲望，企求威严权势，因此他就会有许多强大的、对他不利的、公开和隐蔽的敌手，但他们大部分都将不是他的对手。……由于水星正和木星对立着，因此他将赢得声望，他将成为一个特别迷信的人，依靠这种迷信的方法他能把一大群老百姓笼络在自己周围，并被暴徒们推为首领。①

开普勒认为，这个人从 11 岁到 13 岁应该生活很不稳定，但 13 岁以后的命运就基本平稳，在 21 岁生了一场严重的疾病。然后他给出预测，此人在 33 岁那年将会迎娶一位虽然不漂亮但是非常富有而且很有势力的妻子。正是这一点给华伦斯坦留下了深刻的印象，因为当时的华伦斯坦恰恰正在准备迎娶一位非常富有的寡妇（1609 年）。华伦斯坦也因此成为波希米亚最为富有的贵族。

---

① 厄泽尔：《开普勒传》，任立译，科普出版社，1981年，第79—80页。

开普勒的预言虽然晚了几年，但是仍然让华伦斯坦非常震惊。拿到开普勒的预测之后，华伦斯坦进行了细致的研究，并且把每一年发生的事情与预测进行对比。

由于预测只到1625年为止，华伦斯坦又一次将星图送到开普勒那里，请求他为自己继续测算。当时的他已经出任联军统帅，开普勒这一次给出了较为严肃的推算。令人惊奇的是，开普勒为这位统帅所作的占星推算中止于1634年，并且警告华伦斯坦一定要当心那一年的春天。而偏偏就在1633年，这位统帅达到了他成就的顶峰，在吕岑会战大获全胜，瑞典国王古斯塔夫二世战死。但是华伦斯坦因为擅自与瑞典人谈判而受到猜疑被解职，旋即被手下军官刺杀身亡（1634年2月25日）。

虽然占星术为开普勒赢得了声望，但是他对于占星术的态度依然是比较审慎的。他在历年的星历中一再强调：在做重大决定时，千万不要依赖于占星术的预测。他认为，谁如果以为自己的命运被星辰所决定，那么"他就没有成熟，就没有把上帝为他点燃的理性之光放射出来"。

25. 马丁·路德的金句是什么?

那是1521年4月18日，贴出了《九十五条论纲》的马丁·路德受神圣罗马帝国皇帝查理五世（Karl V.）之邀前往莱茵河畔的千年小城沃尔姆斯（Worms，763—1545年间神圣罗马帝国议会多次于此召开），在神圣罗马帝国议会上为自己的宗教改革学说辩护。在他走进大厅之前，效命于哈布斯堡王朝的著名雇佣兵领袖格奥尔格·冯·弗伦茨贝格（Georg von Frundsberg）拍着他的肩膀说：

Mönchlein, Mönchlein, du gehst jetzt einen Gang, einen Stand zu tun, dergleichen ich und mancher Oberster auch in unseren allerernstesten Schlachtordnungen nicht getan habe; bist du auch rechter Meinung und deiner Sache gewiss, so fahre in Gottes Namen fort und sei nur getrost, Gott wird dich nicht verlassen.

（小修士啊，小修士，现在你将要走的路，要采取的立场，那是我和很多勇敢的军官在我们最认真的战斗序列中都不曾做过的事情；如果你确定自己的意见是正确的，那就以上帝的名气继续下去吧，勇敢面对，上帝不会弃你而去。）

走进大厅，有人问路德，是否愿意为自己所写的书籍辩护，还是要撤回自己的学说？路德如是回答：

Weil Eure Majestät und Eure Gnaden eine schlichte Antwort begehren, so will ich eine solche ohne Hörner und Zähne geben:

wenn ich nicht durch Zeugnisse der Schrift und klare Vernunftgründe überzeugt werde, denn weder dem Papst noch den Konzilien allein glaube ich, da es feststeht, daß sie öfter geirrt und sich selbst widersprochen haben, so bin ich durch die Stellen der heiligen Schrift, die ich angeführt habe, überwunden in meinem Gewissen und gefangen in dem Worte Gottes. Daher kann und will ich nichts widerrufen, weil wider das Gewissen etwas zu tun weder sicher noch heilsam ist. Hier stehe ich, ich kann nicht anders.

（因为尊贵的皇帝陛下和各位尊敬的阁下要求一个明确

的回答，那么我就给各位一个直接的答复：除非是《圣经》上的证据或是有明显的理由迫使我放弃——我既不相信教皇，也不相信大公会议，因为很显然，他们经常犯错，而且自相矛盾。所以只有《圣经》才会迫使我放弃。我的良知只听从上帝的言语。所以我不能也不愿收回任何东西，因为违背良知的行动是困难、无益而且危险的。这就是我的立场，我只能如此。）

这最后一句话"这就是我的立场，我只能如此"，就是我们今天要介绍给大家的金句，非常好记：

Hier stehe ich und kann nicht anders.

26. 真实的马丁·路德是什么样的?

　　我国史学叙述的特点或传统是"善者恒善、恶者恒恶",君子与小人、忠臣与奸贼之间界限分明,本应客观公允的史书中时常充斥着"高大全"与"卑劣毒"的文学形象。时至今日,此种倾向依然很有市场,甚至在对马丁·路德的描述中也是如此,不能不说是一件憾事。

　　我们经常会读到这样的评价:马丁·路德是伟大的宗教改革者,《圣经》的德语翻译者,最伟大的德国人之一等。这些都是国人关于马丁·路德的历史记忆,但也仅是记忆而已。与其说它是事实,倒不如说它仅是一种视角。历史人物也是普通人,一味吹捧不过是在制造"偶像崇拜"。其实人是复杂的，每个人身上都闪耀着人性的光辉，但同时也存在着大量的暗角。"卖人设"总有一天会崩塌的。所以，还是孔夫子说得有道理："众恶之，必察焉；众好之，必察焉。"

历史上，关于马丁·路德对于宗教改革以及德语发展所做出的突出贡献一直是研究的主流，但近年来人们也开始从时代与个人生平的角度研究他的学说与言论，特别是他对于犹太人、妇女以及农民的立场问题。然后人们发现，与同时代的所有男性一样，马丁·路德也反对犹太人、轻视妇女、蔑视农民、敌视残疾人。一句话，他对那个时代所有被压迫的对象采取的其实还是一种压迫的姿态。

让我们来看看他的一些话语：

Unkraut wächst schnell, darum wachsen Mädchen schneller als Jungen. （zitiert nach Arnulf Zitelmann, 1997, "Widerrufen kann ich nicht. Die Lebensgeschichte des Marthin Luther", Beltz&Gelberg, S. 111）

（草总是长得很快，所以女孩比男孩长得快。）

Der Tod im Kindbett ist nichts weiter als ein Sterben im edlen Werk und Gehorsam Gottes. Ob die Frauen sich aber auch müde und zuletzt tot tragen, das schadet nichts. Lass sie nur tot tragen, sie sind darum da. （Martin Luther, Werke, Weimarer

Ausgabe Bd. 10/2, Weimar 1907, S.296）

（产褥期的婴儿死亡就像是死于一场高贵的事业，是对上帝的顺从。至于女人是否也因此而疲惫以至于最后死亡，其实无关紧要。就让她们死好了，这是她们存在的目的。）

Wenn ich einen Juden taufe, will ich ihn an die Elbbrücke führen, einen Stein an den Hals hängen und ihn hinabstoßen und sagen: Ich taufe dich im Namen Abrahams. （Martin Luther, Tischreden, Nr. 1795）

（如果让我给一个犹太人洗礼，我会把他领到易北河桥上，在他的脖子上挂块石头，然后把他扔下去，然后我说：我以亚伯拉罕的名义给你洗礼。）

Wenn man aber von den teufelsähnlichen Kindern erzählt ... so halte ich dafür ... dass es wahre Teufel sind. （Opery exegetica, Erlanger Ausgabe, II., S. 127）

（当人们谈到那些魔鬼般的孩子［译者按：中世纪用语，指残疾孩子］时，我必须说，他们就是真正的魔鬼。）

Die Zauberinnen sollst du nicht leben lassen... Es ist ein gerechtes Gesetz, dass sie getötet werden, sie richten viel Schaden an. （Martin Luther, Predigt von 1526, Weimarer Ausgabe 16, S. 551）

（你应该杀死那些女巫，杀死她们乃是一道公正的法令，她们制造了太多的损害。）

Es ist besser, wenn Tyrannen hundert Ungerechtigkeiten gegen das Volk verüben, als dass das Volk eine einzige Ungerechtigkeit gegen die Tyrannen verübt.（Martin Luther: Ob Kriegsleute in seligem Stande sein können, 1526）

（暴君对民众做一百件不公正的事情，也要比民众对暴君采取哪怕一件不公的措施要强。）

虽然这些话并不能抹杀马丁·路德在德国历史上的贡献，但是我们也要看到，任何人其实都有他不那么光彩的一面。也许我们本来就不应该对于任何人抱有过高的期待。

27. 为什么他们都叫Karl Marx?

　　德国人的姓名与中国这边大不相同。中国人的名字可以较为随意地使用一个字，或是两个字，甚至三个字的组合，通常会表达某种积极的含义，其中也蕴含着父母对于子女的某些期望。而德国人的名字比较固定，一般男子和女子的名字就那么些，常用的不超过二百个。而且西方礼仪大异于中土，父母经常把自己的名字直接传给自己的子女。所以，在德国人那里，人物重名的情况是很普遍的。

　　德国人的名字主要有三大来源。一是日耳曼本土的名字，例如Wilhelm就来源于古高地德语的willio（大致相当于Wille，即意志或决心）与helm（即Helm，头盔、防护之意）的组合形式。二是基督教名字，特别是《圣经》中的希伯来语名字，例如Maria，Daniel等。三是"时尚"的外来语名字。所谓"时尚"，指的是不同时代人们的不同偏好：人本主义时代，古希腊语或拉丁语的名字就比较"时尚"，例如Augustus；到了17、18世纪，法语成了"时尚"，那时就有很多人采用法语名字，例如Charlotte；而到了二战之后，英语世界的名字也越来越"时尚"，例如Jennifer或Mike等。

Karl这个名字是一个标准的日耳曼词语，它来自古日耳曼语的karal，意思大致为男人、丈夫；karal又来源于原始日耳曼语的karlaz，大致意思是自由人、年轻人的意思。我们常见的Carl则是该名字的拉丁语写法。

说到Marx这个姓氏，其实是德国一个较为常见的姓氏，但它的来源则是多层次的：可能与另一个德国姓氏Marks同源，即拉丁文名字Markus的一种缩略形式；可能是德语名字Mark的变体，与古德语marka相关，意即边界、领域；还可能是Marsch一词的变体，Marsch是居住地的名字，来源于中古高地德语，意思是海边或河边的低地；也有可能是犹太名字Mordechai（即《圣经》中的"末底改"）的替代形式。而考虑到卡尔·马克思（Karl Marx）的犹太人身份，我们推测，他的姓氏有可能来自"末底改"一词。

因为德国人重名率很高，德国还有另外一些名人也叫卡尔·马克思。笔者查了一下德国Brockhaus百科全书，里面当然首先列出了写出《资本论》的卡尔·马克思，上面说他的全名是卡尔·海因里希·马克思（Karl Heinrich Marx），"哲学家、历史学家和记者，与恩格斯一起同为马克思主义的创始人"；而一卷本的Brockhaus还提到，他是"德国哲学家与国民经济学的批评家"（deutscher Philosoph und Kritiker der Nationalökonomie）。这些大概就是德国方面对于马克思主义创始人的盖棺论定吧。

列出的第二位卡尔·马克思则是一位音乐家。他生于1897年的慕尼黑，逝世于1985年的斯图加特。他是德国作曲家卡尔·奥尔夫（Carl Orff）的学生，也是德国青年音乐运动（Jugendmusikbewegung）的主要代表人物。他是作曲家，也是音乐教育家。

第三位卡尔·马克思出生于1929年的科隆，逝世于2008年，是位画家。他发展出一种姿态与表现式的现实主义（gestisch-expressiver Realismus），主要创作有肖像、群像、物体以及直接威胁人类生活的某些场景。

而在德语维基百科上，笔者也查了一下，得到了下面的结果：

· Karl Marx（1818—1883），deutscher Philosoph, Journalist, Gesellschaftskritiker, Ökonom und kommunistischer Politiker

· Karl von Marx（1832—1890），deutscher Chemiker und Hochschullehrer

· Karl Marx（Metzger）（1844—1914），deutscher Metzgermeister und Kommunalpolitiker

· Karl Marx（Journalist）（1897—1966）, deutscher Journalist und Herausgeber

· Karl Marx（Komponist）（1897—1985）, deutscher Komponist

· Karl Marx（Maler）（1929—2008）, deutscher Malerund Hochschullehrer

· Karl Felix Marx（1877—1955）, Schweizer Fotograf

· Karl Friedrich Heinrich Marx （1796—1877）, deutscher Mediziner

· Karl Michael Marx （1794—1864）, deutscher Physiker

· Karl Theodor Marx （1892—1958）, deutscher Verwaltungsbeamter[①]

这里共有十位卡尔·马克思。第一位就是革命导师；第二位则是卡尔·冯·马克思，德国化学家；第三位是位肉店老板，但同时也是从事社区运动的政治家；第四位是记者与出版家；第五位和第六位就是我们刚才介绍过的作曲家与画家；第七位是瑞士的摄影师；第八位是德国医学专家；第九位是德国物理学家，第十位则是德国的一位官员。有关他们的生平，有兴趣的读者也可以找来看看。

而考虑到该名字的拉丁文写法，笔者还考察了叫Carl Marx的

---

① https://de.wikipedia.org/wiki/Karl_Marx_（Begriffskl%C3%A4rung），最后访问日期：2022年11月1日。

人物，结果如下：

    · Carl Marx（Architekt）（1829–1912），deutscher Architekt und Stadtbaurat

    · Carl Marx（Sänger）（1861–1933），deutscher Sänger（Bass）und Theaterregisseur

    · Carl Marx（Maler）（1911–1991），deutscher Maler[①]

第一位是建筑师，第二位是歌手和戏剧导演，而第三位则是画家。

综合来看，叫卡尔·马克思的著名人物就有十三位之多，那么，那些默默无闻的在德语区生活与工作的卡尔·马克思们一定更不会少。

---

① https://de.wikipedia.org/wiki/Karl_Marx_（Begriffskl%C3%A4rung），最后访问日期：2022年11月1日。

28. 歌德的家庭与童年教育是什么样的?

本文要讲讲歌德的童年教育问题，让我们来看看一个德国大师的成长历程中哪些因素起到了关键性的作用。

歌德于1749年8月28日出生于美因河畔的法兰克福，他在自传里说自己恰好是在"钟敲十二下的时候"降生的，其实是为了凑趣，作不得数的。其实他和笔者的女儿差不多，大约都是在中午12点到下午1点之间出生的。处女座，一看就知道是文艺青年。当然，星座学的考察不在我们讨论的范围。

他出生第二天即接受洗礼。他们家属于新教家庭，故采用路德宗方式洗礼，新生儿洗礼时要取名字，因其教父就是他的外祖父约翰·沃尔夫冈·特克斯托尔，所以歌德也得名约翰·沃尔夫冈·歌德。1782年歌德受封成为贵族以后，就在姓名之间加了一个表示贵族称号的von，也就成了约翰·沃尔夫冈·冯·歌德。

歌德的祖父原是裁缝，曾在里昂生活过一段时间，后来在法兰克福娶了当地市民的女儿，顺利获得户口本，不，获得了市民权，同时也将自己原来的姓氏Göthe改为了Goethe。很不幸的是，十多年后，在他43岁的时候，第一任妻子去世了。他续娶了当地一个最好旅店的孀居的老板娘，又生了三个孩子，最小的就是歌德的父亲。歌德的祖父也因此做起了葡萄酒与高级酒店生意，身价不菲，死后留下10万金盾的遗产。

所以说穿了，歌德的父亲约翰·卡斯帕尔·歌德是个富二代。为什么这么说呢？约翰·卡斯帕尔虽然读了法学博士，但从未从事过与法律有关的职业，而是完全靠着遗产的收息生活，根本不用工作。他年轻时候游历，曾经去过意大利，对那里印象很好，还用意大利语写了一部游记，所以歌德对于意大利的向往其实是从父亲那里继承来的。约翰·卡斯帕尔后来重新回到法兰克福，和寡居的母亲，也就是歌德的奶奶生活在一起。他38岁的时候娶了法兰克福最高税收与司法长官（近似于市长）特克斯托尔的大女儿，第二年生下了歌德。他们一共有过六个孩子，但只有歌德和妹妹卡内莉亚长大成人。

其实，歌德父亲当富二代这件事情也是很无奈的。约翰·卡斯帕尔是最小的儿子。歌德祖父的两段婚姻一共有十一个孩子，但最后只有三个儿子送终。前一段婚姻里留下两个儿子，一个是智障，另一个儿子赫尔曼·雅各布（Hermann Jakob）是锡匠，早已成家立业，小有身家。歌德的父亲是在祖父已经成了受人尊敬的富裕市民时出生的，又是拥有丰厚身家的母亲的唯一合法继承人，可以说承载了父母很多的期望，尤其是歌德的祖父对于进入社会上层或成为贵族有着极为强烈的渴望。在这种情况下，歌德的父亲一出生就已经确定好了上大学的道路，为了实现祖父所没有实现的野望。

约翰·卡斯帕尔并不是个很有天赋的孩子，但他很勤奋而且自律。那个时代，中国与德国的少年都是十五六岁就出来游学的，因为他们已经可以被看作成年人了。约翰·卡斯帕尔十五岁的时候被送到一个很远的地方念预科（近似于高中），一读就是五年，父亲快要去世时才赶回来。这中间要是没有严格的自律是万万不行的，也可能是那个时候诱惑少吧。之后他进入吉森大学学法律，读了一年，然后进入莱比锡大学，又读了三年，之后又在某个律师那里实习了一段时间，随后开始全心全意投入博士论文的写作，最终在1738年12月30日获得了法学博士学位（Doctor juris utriusque）。那一年，他29岁。

写过论文的人都知道，答辩了以后是身心疲惫啊。约翰·卡斯帕尔也不例外，于是就回到母亲那里休息了将近一年，小儿子嘛，很受宠的。然后他就去了意大利，旅行，读万卷书，行万里路，了解那里的风土人情与法律状况。待了一年多，他回到了故乡法兰克福。31岁的他准备进入公职，做一番事业，成为市长，所以他没有加入当时已有五十多人的律师公会。但是他性格上的弱点暴露了出来，有点志大才疏，对现实的困难估计不足，而且遇到阻碍之后有些退缩。于是他决定当一个富二代，和母亲住在一起，毕竟这样更舒服。平时他就搜集和阅读各种文学作品（拉丁文、法文、意大利文）以及各类法律文献，充实自己的小图书馆，偶尔还撰写法律类的论文，整理自己的意大利之旅的资料，准备用意大利语撰写游记，所以闲暇时还继续完善自己的意大利语，日子过得非常充实。

但他没有忘记自己的夙愿和父亲的野望，在1742年，恰好查理七世（就是那位"幸福女帝"玛丽亚·特蕾莎的对头）在法兰克福加冕为神圣罗马帝国皇帝，要扩军备战，急需军费，只要说几句好话，然后交点钱，就可以获得一个官职。于是歌德的父亲花了一定的代价被任命为皇家资政（kaiserlicher Rat），年薪313金盾，但没有任何实际的职务。在当时的法兰克福，这样的头衔很适合做一些国外宫廷的代表，但很遗憾，连这样的职务他也没有得到。很长时间他甚至都没有获得市民资格。他本来在1747年有一次机会进入市议会，但由于他哥哥赫尔曼·雅各布已经是议员了，不允许有两个亲属同时在议会中任职，他也没有成功。他的生活其实是有些苦闷的，其富裕生活主要是靠歌德的祖母的支持。所以说歌德父亲是富二代不完全准确，应该是"啃老族"。到了1748年，歌德的祖母80岁了，她可能要求儿子放弃梦想，赶紧给这个家找一个女主人，于是38岁的约翰·卡斯帕尔就娶了城市最高长官特克斯托尔17岁的大女儿伊丽莎白。

特克斯托尔家族是个法律世家，历代出了好几个著名的法学家。歌德外祖父学的也是法律，虽然不是贵族，也非来自其他高贵富裕家族，但他仍然在1747年被选为市最高税收与司法长官，富裕市民都很信任他，尊重他。当时市民家庭女孩子的教育很简单，就是教一点阅读、写字和算术的基本知识，允许读的书只有《圣经》，学一点钢琴，贵族的语言法语是不学的，而各种女红也必须精通，对于世界的了解只限于她们所看到的周围的一切，偶尔可以去看场戏。对于家里的女儿来说，威斯巴登与美因茨就已经是世界的尽头了。伊丽莎白是一个热心肠的女人，从她留下的四百多封信件可以看出，她很风趣而且自信，与很多人保持了良好的友谊。有兴趣的人可以探究一下母亲家族的性格特点对于歌德的影响，因为歌德曾经说过："父亲塑造了我，教我严肃地生活；母亲给了我乐观的天性，让我喜欢幻想。"

歌德出生在一个富裕的市民家庭里，父亲所承继的遗产使得他们可以免除所有经济上的烦恼。同时，当时的市民阶层非常重视教育，其原因当然有其很功利的一面，因为这是市民阶层进入上流社会的最基本道路。尤其是我们前面提到过，歌德的父亲一直试图进入上层而未果，所以他就把很大一部分精力投入对子女的教育上，希望儿子能够实现他未能实现的梦想，这也是当时很多市民阶层共同的理想。而且歌德的父亲现在有钱有闲，可以很从容地去做这件事。同时他所收藏两千多册图书以及大量的艺术品，都为后来歌德的阅读与审美旨趣奠定了基础。

歌德降生的第二年，妹妹卡内莉亚出生。到了1752年秋天，歌德的母亲又怀上了第三个孩子，而已经三岁的歌德已经很顽皮了，所以母亲很难有太多的精力去照顾他，于是父母商量后就把他送进了白鹰巷（Weißadlergasse）的一家由玛丽亚·马格达琳娜·霍夫（Maria Magdalena Hoff）开办的私人幼儿园。当时的幼儿园不叫Kindergarten，而叫Spielschule或是ABC-Schule，时间上跟现在的幼儿园差不多，歌德也是从早上待到下午，不过午饭是需要回家里吃的。

歌德的父亲是个很严肃的人，他把家里的所有开销都记在账上，而1753年1月的账本上第一次出现了"儿子的课程"这样的条目。

从1753年5月开始，他的妹妹卡内莉亚也跟着哥哥一起上幼儿园。他们兄妹在那里主要的课程就是识字，同时还接受新教倾向的宗教课程，当时的歌德已经可以背诵一些《圣经》的段落了。1754年，歌德5岁了，他的父亲2月的账本上记录了识字课的书本开销"《所罗门格言》——12个十字币（Kreuzer）"，12月的账本上写着"书籍、基督教义问答手册以及《圣经》格言录——18个十字币"。

1755年，歌德6岁了，歌德的父亲决定对老房子进行改建，在此期间，歌德和妹妹上了一家公立的基础学校（Elementarschule）。同年里斯本发生大地震的消息给了歌德很大的触动，让他人生第一次开始思考宗教问题。同时也是从这一年起，他开始阅读奥维德的《变形记》、笛福的《鲁滨孙漂流记》、法国作家芬乃伦的《忒勒马科斯历险记》（Les Aventures de Télémaque），还有很多德国民间故事。他很有可能是在这一年接触到了浮士德博士的传说的。

1756年，歌德7岁了，他父亲为他找了一位私人教师，名叫约翰·海因里希·提姆（Johann Heinrich Thym）。歌德跟着这位老师学习书法，同时还有算术、历史和地理。同时他在另外一位老师约翰·雅各布·舍比乌斯（Johann Jacob Gottlieb Scherbius）学习拉丁文。

到了1757年，歌德8岁了，他又跟着一位女家教玛丽亚·马格达琳娜·加赫特（Maria Magdelaine Gachet）学习法语。同时跟现在的孩子一样，那一年的歌德还参加了很多的书法比赛。在那一年的一月份，歌德还为他的外祖父母写了一首诗，这是歌德最早的诗作。

等到歌德9岁，也就是1758年夏天，他跟着舍比乌斯老师学习希腊文，到了冬天已经可以直接阅读《新约》的希腊语原文，同时还可以翻译和背诵。他每天都会给父亲撰写问候语，都会记在一个题为"少年习作"（Labores juveniles）的本子上，其中有27条是用拉丁语写的，4条是用希腊语写的。1758年9月，他又跟着约翰·米夏埃尔·爱本老师（Johann Michael Eben）学习绘画。

到了1760年，父亲又亲自教儿子与女儿舞蹈课。也是在这一年，11岁的歌德终于在提姆老师与舍比乌斯老师那里结束了书法、拉丁文与希腊文的课程，顺利毕业。

1761年，他开始学习意第绪语，绘画课结业。

1762年，他开始学习英语和希伯来语。

看到这里，其实我们大家都明白了，现在的孩子其实也没多苦。看看人家歌德，从3岁到13岁，到底学了多少东西。估计他真的没多少时间去玩！

不仅是学习，由于外祖父担任法兰克福最高长官长达23年，歌德从小就有机会接触上层社会的生活，积累了很多社交经验。1763年，他还在一次音乐会上见到了年仅7岁的莫扎特。同时，当时的法兰克福也是重要的商业城市，他多次参观过法兰克福的股票市场与商品市场，这也给他留下了很深刻的印象。对于社会生活，他也有了相当多的了解。而这些对于歌德的成长都起到了很大的推动作用。

29. 歌德的爱情绝唱发生在什么时候?

诗人的创作与爱情之间的关系乃文学史研究的永恒话题。歌德在他82年的漫长生涯里,每个阶段都有他为之激情燃烧的女性。从初恋弗里德莉克,到订婚又解约的莉莉,再到给他引领与教导的施泰因夫人,还有他的妻子克莉丝汀,他为每个女人都留下了关于爱情的创作。值得注意的是,歌德的爱情很大程度源于对女性的倾慕与欣赏,与肉欲关系不是很大。一个明显的证据就是,根据心理分析专家艾斯勒(Kurt Eissler)以及歌德传记的作者波伊尔(Nicholas Boyle)的考证,歌德的第一次其实发生在意大利之行期间,那时歌德已经39岁了。对于歌德而言,女性象征着人类的美好与和谐。这种对于女性的欣赏，一直延续到他生命的最后一刻。所以他在《浮士德》的最后，才会喊出振聋发聩的名句："永恒之女性，引领我们飞升！"（Das Ewig-Weibliche zieht uns hinan！）在这里要解释一下，das Ewig-Weibliche是形容词名词化的用法。凡是用中性das的形容词名词化都有抽象化的意义，例如我们说一般的美丽就是die Schönheit，而抽象的那个形而上的概念则是das Schöne。所以在这里，歌德所指的不是某个女人，而是有着形而上特点的女性或女人的特性（当然，理论上，这种特性出现在一个男人身上也是可以的）。

从这个意义上而言，对于74岁的歌德与19岁的少女乌尔莉克（Ulrike von Levetzow）之间的关系，我们不应该用一种世俗的眼光去看待。吸引他的绝不是肉体的欲望，而是对于某种永恒美好的追求。这段感情是诗人最后的爱情。那是在1822年，在玛丽恩巴德（Marienbad），诗人最后一次感受到了生命的冲动与爱情的煎熬。他邂逅了她，她的青春与活泼让他仿佛焕发了第二春。他深深地被她所吸引，虽然这可能只是单相思。他委托自己多年的朋友魏玛大公去向女孩的母亲求婚，没有遭遇明显的拒绝，但很显然对方母亲一直在拖延。失望的歌德在赶回魏玛的路上，将所有的思绪与情感诉诸笔端，一气呵成，挥笔写就了他生命的爱情绝唱《玛丽恩巴德哀歌》。

此事件因诗人本人的名气、双方悬殊的年龄差距、诗人与女孩母亲之间的过往历史以及哀歌的极高艺术成就而受到广泛的关注。很多诗人、艺术家与学者均曾对此事件产生浓厚的创作或研究兴趣。最近的例子是2008年，德国文坛泰斗马丁·瓦尔泽（Martin Walser）据此创作了一本在德国文坛引起强烈反响的长篇小说《恋爱中的男人》。

但对于诗人而言，爱情的火焰终于燃烧殆尽，生命中残余的只剩"工作"而已。《玛丽恩巴德哀歌》是歌德爱情诗歌的绝响。他终于意识到自己的力不从心，从此专心创作，与男女之事绝缘。而乌尔莉克终身未嫁，临终前将所有信件付之一炬。

（本文曾作为译者导言发表于2017年中华书局版《人类群星闪耀时》，原题"歌德的爱情绝唱"。）

30. 贝多芬最崇拜的亨德尔是一个怎样的人？

　　萧伯纳在他的名文《贝多芬百年祭》里曾提到，贝多芬最崇拜的英雄就是亨德尔，"一个和贝多芬同样倔强的老单身汉"，此言甚妙。18世纪的欧洲已经出现了真正意义上的职业音乐家，但当时他们的社会地位并不高，还无法仅靠自身的音乐创作和表演而独立生活，很多时候以贵族与宗教对他们的资助维生。判断一个艺术家的独立人格到底有多强烈，从他是否结婚这件事情上就可以看出端倪，因为结婚在一定程度上就意味着服从社会化的既定规则，接受整个社会的驯化。所以，结了婚的海顿与莫扎特都举止文雅，衣着华丽，甘心做一个宫廷的侍从；而独身的亨德尔与贝多芬则狂放不羁，不修边幅，富于反抗精神。这里我们并不是比较哪位音乐家的音乐更伟大，只是就独立意志而言，海顿与莫扎特这样的艺术家可能更容易屈服，而亨德尔与贝多芬这样的艺术家则勇于抗争。茨威格在《亨德尔的复活》这篇文章中借亨德尔的学徒史密斯之口也表达了同样的意思："为了挽救剧院，他在这一年里创作了四部歌剧，而那些人呢，他们却忙着取悦女人和宫廷。"茨威格对于艺术家不屈意志的注重当是他撰写这篇速写的主要原因。

乔治·弗里德里希·亨德尔（1685—1759）出生在德国萨安州的哈勒城，与另一位德国音乐大师巴赫同年，其名字的德语本是Georg Friedrich Händel。按照德语发音，他的名字不是乔治，而是格奥尔格；但他在1727年取得了英国国籍，于是改成了英语的名字George Frideric Handel。他一生遭遇困难无数，遭遇的诱惑也无数，但他意志坚定，始终保持一颗独立不屈的心。童年时期，父亲认为学习法律才是人生正途，所以极力反对他的音乐爱好，但他并没有放弃。而当他的才华引起了一些艺术赞助人的注意并打算资助他去意大利学习音乐时，抱负远大的亨德尔一一谢绝，最后完全依靠自己的资金完成了留学。在意大利学成之后，正所谓"良禽择木而栖"，他也曾想过找一个能够让他一展才华的宫廷作为安身之所，起初在汉诺威选帝侯那里担任宫廷乐手。但他显然志不在此，半年之后就来到了英国。他融合了意大利巴洛克风格与德国多声部合唱传统的歌剧大受欢迎，最终他选择了这块热爱他音乐的土地。而这一停留，就是五十年。

尽管一开始获得了巨大的成功，但他的职业音乐家之路却并非一帆风顺。维持剧场运营的整体开销非常巨大，同时英国观众对于意大利语歌剧的兴趣也逐渐减退。他的地位因此受到极大的冲击，开办的几家剧场都接连倒闭，他债台高筑。1737年，内外交困之下，年已52岁的亨德尔中风偏瘫，音乐生涯几乎因此终结。在这种绝境中，亨德尔没有选择屈服，经过几个月的温泉疗养，奇迹般地重新站了起来。而正是这段经历被茨威格认为是亨德尔于1742年用一种不可思议的激情与速度完成经典清唱剧《弥赛亚》的主要动力。而在此之后，他就再也没有写过任何意大利歌剧，转而创作出一系列具有划时代意义的清唱剧。哪怕晚年双目失明，他也依然坚持艺术创作与演出，毫不懈怠，艺术生涯焕发出更为夺目的第二春。

　　（本文曾作为译者导言发表于2017年中华书局版《人类群星闪耀时》，原题"亨德尔的'复活'"。）

31. 康德的那句"璀璨星空"和"道德法则"的金句到底是怎么说的?

本文要讲的这个金句,大家应该都比较熟悉,它的作者就是德国最著名的哲学家康德。康德出生在东普鲁士的柯尼斯堡,不过今天这个地方属于俄罗斯,名字叫加里宁格勒。除了短期在附近一个乡村教书之外,他一生从未离开过自己的家乡。他其实不算纯种的日耳曼人,而是苏格兰后裔,家族本来的姓氏是Cant,后来康德为了适应德语的发音而改成了现在的写法。

他出身贫寒,家境普通,身体状况也不太好。康德在给友人的信中说:"我胸腔狭窄,心脏和肺的活动余地很小,天生就有疑病症倾向，小时候甚至十分厌世。"大学毕业后，他当过一段时间的家庭教师。1755年，他终于在柯尼斯堡大学当了一名编外讲师（Privatdozent），等了15年之后才在1770年被聘为逻辑和形而上学教授。他教学非常出色，受到很多学生的喜爱。他的一个教育原则是关注天分一般的同学，他说：低能儿无可救药，天才则自有办法。

据说，他生活十分规律，起床、喝咖啡、写作、讲课、吃饭、散步，都有固定的时间。每当他穿着深色外衣，执着手杖，出现在门口，走向菩提树小道时，周围的邻居就知道，现在一定是下午三点半。

他在行动之前会把每一件事情仔仔细细地想个透彻，所以终身未婚。他两次想向女子求婚，结果因为考虑太长时间，第一次的女性嫁给了比较果断的人，而另一位女士在康德下定决心之前就离开了柯尼斯堡。

就是这样的一个人，把他毕生的精力都用来追求真理。在他57岁那年，终于写出了震惊哲学界的名著《纯粹理性批判》（*Kritik der reinen Vernunft*），从而主宰了整个19世纪的德国思想。这本书与他随后写出的另外两本书《实践理性批判》（*Kritik der praktischen Vernunft*）和《判断力批判》（*Kritik der Urteilskraft*）并称康德哲学的"三大批判"。而我们今天要讲的这句话就出自《实践理性批判》的结论部分：

Zwei Dinge erfüllen das Gemüt mit immer neuer und

zunehmender Bewunderung und Ehrfurcht, je öfter und anhaltender sich das Nachdenken damit beschäftigt: Der bestirnte Himmel über mir, und das moralische Gesetz in mir.

（有两样东西，我对它们的思考越是频繁和持久，它们在我心灵中所唤起的赞叹和敬畏也会随之与日俱增，历久弥新：那就是我头顶的璀璨星空与我内心的道德法则。）

32. 腓特烈大帝说过什么"主旋律"的句子?

　　普鲁士的腓特烈大帝（Friedrich II. der Große，1712—1786）是欧洲军事史上最负盛名的统帅，在七年战争中以寡敌众，硬是将普鲁士提升到了欧洲第五大军事强国的地位（其他为法、英、俄、奥），普鲁士的崛起从此开始。而在内政方面，他被认为是欧洲"开明专制"（der aufgeklärte Absolutismus）的君主中的最重要代表，按照启蒙时代的一些基本原则治国，积极开展内政改革，实行宗教自由的宽容政策，普及教育，使得普鲁士成为人类历史上第一个普及全民教育的国家（1763）。他热爱艺术，用法语写了很多作品，是出色的演奏家，修建了波茨坦著名的"无忧宫"（Schloss Sanssouci）。他是人类历史上罕见的全能型人物，也是德国启蒙运动的重要代表。

这位开明君主，还是一个将国家利益和事业放在最高位置的人。他一生不近女色，虽然结婚，但与妻子分居，没有子女，还留下了不少同性恋的传闻。也许按照弗洛伊德"补偿效应"的理论，他将力比多（libido）都转化到了为国家和为人民的事业中了，所以他是少有的一位把责任与义务看得比天还重要的国王。他在1752年撰写的《政治遗嘱》中宣称"君主是国家的第一公仆"（Ein Fürst ist der erste Diener seines Staates），要为国家的福祉做贡献。

他说出了一个德语里最著名的"主旋律"句子：

Die erste Pflicht eines Bürgers ist, seinem Vaterland zu dienen.

（公民的第一义务就是为他的祖国服务）。

正是基于同样的理由，腓特烈才会在一封写于七年战争的信中这样写道：

Es ist nicht nötig, daß ich lebe, wohl aber, daß ich meine Pflicht tue und für das Vaterland kämpfe, um es zu retten.

（我个人活不活着并不重要，重要的是我要尽我的义务，为了拯救国家而努力奋斗！）

33. 其他"格林兄弟"就"不配拥有姓名"吗?

不学德语的同学,相信也都听说过"格林兄弟"(Brüder Grimm)的大名。而学过德语的同学没准还能说出他们的名字,哥哥雅各布(Jacob)和弟弟威廉(Wilhelm)。有了一定基础的同学说不定还知道,他们除了是《儿童与家庭童话》(*Kinder- und Hausmärchen*)的作者以外,还是非常重要的语言学学者,甚至可以说是日耳曼学的"开山祖师"。他们共同的事业还包括一部伟大的、在他们之后历经几代才编撰完成的《德语大词典》(*Das Deutsche Wörterbuch*)。这样的信息常识给了我们一种错觉,似乎他们只有兄弟二人,但事实却并非如此。

格林兄弟出生在德国黑森州的哈瑙城（Hanau）。父亲是当地的最高行政司法长官，可惜英年早逝，44岁就不幸死于肺炎。他和妻子一共生了九个孩子，其中三个夭亡，六个孩子长大成人，他们分别是：雅各布（Jacob Ludwig Carl Grimm，1785—1863）、威廉（Wilhelm Carl Grimm，1786—1859）、卡尔（Carl Friedrich Grimm，1787—1852）、费迪南（Ferdinand Philipp Grimm，1788—1845）、路德维希（Ludwig Emil Grimm，1790—1863）和夏洛特（Charlotte Amalie Grimm ［Lotte］，1793—1833）。

不难看出，我们熟悉的格林兄弟，其实是家里的老大和老二（实际上他们上面还有一个早夭的哥哥），下面有三个弟弟和一个妹妹。所以从事实上讲，格林兄弟应该是五个人。我们来认识一下他们。

首先是最神秘的老三卡尔·弗里德里希·格林。笔者在互联网上查了半天，只知道他的生卒年份，其他情况一概没有。笔者还找到一张肖像画，一身戎装，似乎是军人，但是那个时代的大学生基本都穿制服，所以也不好妄下判断。

其次是老四费迪南·菲利普·格林，这个兄弟最委屈。他帮助他两个著名的兄弟收集传奇和童话故事，并以笔名Lothar, Philipp von Steinau und Friedrich Grimm出版了自己的三本作品集，内容也是关于童话与传说的。但是他的工作后人似乎所知甚少，所以有人说他是unbekannter Bruder（不知名的兄弟）。不过也有研究者指出，他的部分作品并不是从民间收集来的，而是利用同时代的作品拼凑的，原创性上有欠缺。另外，在1810年，他和家人大吵了一架，从此几乎断了来往。有人推测是因为他哥哥威廉·卡尔·格林的太太，也有人猜测是他那年决定"出柜"，众说纷纭。但不管怎样，1845年他临终之前，只有大哥雅各布·路德维希·格林来看他，威廉完全拒绝前往。

最后是路德维希·埃米尔·格林，这个兄弟最知名。虽然不如两位兄长鼎鼎大名，但他算是19世纪德国最重要的插图画家和蚀刻铜版画家。他的作品主要包括风景画、动物，但最好的是肖像画。他是《格林童话》最早的插图作者之一，最出名的作品就是后来被选入货币的格林兄弟肖像。

《格林兄弟》，1843，肖像，路德维希·埃米尔·格林。

34. 诺奖得主彼得·汉德克是一个怎样的人?

2019年诺贝尔文学奖得主彼得·汉德克,被誉为当代德语文学"活着的经典"。文学对汉德克来说,是其"意志"的体现,是其不断明白自我的手段,而他封闭式的内省则是对现实生存的深切反思。"一个东西越美、越深刻、越真实,它就越令人痛苦",笔者认为这或许是汉德克能够带给中国文学的启示。

"写作"乃他"意志"的体现

汉德克在14岁的时候写过一篇作文,内容是献给钢笔的:"它安静且谦卑地躺在我的手里,它是顺从我意志的工具。"如果将"钢笔"看作"写作"的隐喻,那么早年汉德克与写作之间的关系大抵如此。他是"写作"的主人,"写作"乃他"意志"的体现。而他也很快对于自己的"意志"确定无疑:他要成为一名作家。

汉德克对于自己成为作家这件事情从不怀疑,异常果决,甚至到了有些激进的地步。这也是他个人意志的集中体现。1965年,他毅然决定中断法学学业。而事实上,当时的他已经基本上完成了大学学习。国家司法毕业考试一共三个,他已经通过了其中两个,只要通过最后一个他就可以成功毕业。恰恰是在这种情况下,他还是选择辍学去当一名作家,完全就因为之前德国苏尔坎普出版社已经决定出版他的第一部小说《大黄蜂》。早就已经对法学心不在焉的他于是彻底放下了学业,丝毫没有给自己留后路的考虑。

1966年,当时德国最重要的文学团体"四七社"在美国普林斯顿开会。偶然受出版商邀请参加会议的汉德克,带着年轻人特有的锐气与不羁特质,面对着在场的前辈作家与批评家,毫无顾忌地说出自己对于"写作"的想法:"我注意到,今天德语散文写作里普遍存在着一种描写上的阳痿现象。而我觉得,治疗这一问题的方法就在于纯粹的描写之中,这从根本上来说也是最合适的,只有这样才能做出文学。"在这里,他所反对的就是当时所谓的"新现实主义",他认为这种毫无创意可言的文学描写倾向于一味地堆砌内容与素材,反而完全忽略了语言,而语言才是描写赖以成立的领域。"文学是用语言做出来的,而不是用那些语言所描写的东西。"他如此回应别人的批评。

就这样，一个只有二十四岁的小青年坦率甚至是挑衅性地亮出了自己的文学态度。一出场，异常自我的汉德克就表现出对于沿袭下来的语言与文学传统的怀疑态度，他要寻找完全属于自己的文学道路。

这一切背后都有一个大写的"自我"存在

他在小说与戏剧两个领域内发表的两部处女作，分别表现出他对于长篇小说与戏剧两种文学样式的反思以及创新试验。无论是《大黄蜂》还是在"四七社"的发言，抑或是《骂观众》，都能清楚地让人感受到汉德克对于传统创作方式的否定和对于新的语言表达手段的追求。《大黄蜂》没有连贯的故事情节，叙述也显得支离破碎，但从本质上却是"对于一部长篇小说诞生过程的描写"。一个人因为机缘巧合，感觉到发生在自己身上的事情与之前读过的某个小说的盲人主人公的遭遇颇为类似，于是想把这本小说通过回忆重构出来。重构出来的情节到底是发生在这个人身上，还是盲人身上，似乎已经无法分辨，虚构与真实经验之间的界限因此变得流动起来。而在《骂观众》里，他创立了所谓的"说话剧"的形式，摒弃了布景和道具，也没有情节与角色，完全通过演员的言说以及强烈的音乐节奏来表达作者的意图。虽然很多评论者认为这是一部"反戏剧之作"，但就其实质而言，它并不是反戏剧，而是反对目前现有的戏剧样式或状态，因此是一个纯粹自在自为的戏剧。

在这个问题上，他一方面秉承了奥地利文学自霍夫曼斯塔尔、维特根斯坦与卡尔·克劳斯以来的传统，坚持通过对语言在文本和修辞结构方面展开批判的方式，来推进对文化的批判性审视或阅读，同时又在英美现代派文化的影响下（例如福克纳与披头士），逐步发展出一种与俄罗斯形式主义颇为类似的艺术主张。汉德克在1967年的一篇题为《我是一个象牙塔里的居民》的文章中宣称："对于一部文学作品，我期待某种新的东西，哪怕分量很微小，但它能够改变我，让我意识到某种之前从未想过、从未意识到的关于现实的可能性存在，那是一种关于观看、关于言说、关于思考和关于存在的新的可能性……对我而言，一种可能性都只能存在一次。任何对它的模仿都将是不能接受的。"这可以说是他关于文学与阅读的纲领性宣言，直到今天都能用来帮助理解他的个人与作品。

而另一方面，在这一切背后都有一个大写的"自我"存在。正所谓"然而必出于己，不袭蹈前人一言一句"。然而与"文以载道"的韩愈不同的是，他对于文学的理解是"文以证己"。在同一篇文章中，他这样写道："长期以来，文学于我是让我——当我不清楚自我的时候——更清楚认识自我的手段，它帮助我认识到，我在这里，我存在于世界之上……正是文学促使我产生了关于这一自我意识的意识。通过它，我知道，我并不是特例，其他人也是如此，它给我启蒙。从此以后，愚蠢的教育体系再也无法对我产生伤害，它是威权的各种代表施加在每个人身上的，也施加在我的身上。所以，我不是那些官方的教育者教育出来的，而是文学改变了我……文学的现实让我关注和批判真正的现实，它让我了解了自我，也了解了我周围发生的一切。"

"叙述自我与世界的关系"

透过自我的双眼，他看到了一个异质且陌生的世界。"愚蠢的教育体系""威权""批判"暴露出他面对这个世界的感受。他在1994年发表的1066页的《我在无人湾的一年》中说："迄今为止，在我看来，世界是不可接近的，不可理解的，并且是不可进入的，我被它排除在外，这给我带来了最大的痛苦。这也曾是我最基本的问题。"自我并不是世界的一部分，他在里面没有位置，自我被世界排除在外。作为一个局外人，他看到了世界的虚假与残缺。而这一关于世界的认知与感受与其原生家庭有着密切的关系。他的母亲是奥地利的斯洛文尼亚族人，在二战期间认识了驻扎当地的德军士兵后怀孕，他的生父其实早已结婚。后来汉德克的母亲在他还未出生前就嫁给了同样是来自德国的士兵阿道夫·汉德克，他的继父。而他在后来快高中毕业时才知道生父的存在。他的继父只是柏林的一名普通职员，家里的经济情况堪忧，后来因为家庭迁回奥地利而失业，逐渐染上了酗酒的问题，夫妻之间经常发生激烈的争吵。汉德克在童年与少年时代充分感受到了父权的压迫与戕害。这也让他从此对于外界以及外界的威权有一种本能性的排斥与反感。审父心理也似乎因此部分成为他在文学上反叛的心理诱因。

从拒绝父亲到拒绝父辈的文学传统，青年汉德克从个人外形到对待传统的文学样式都表现出反叛的姿态。他拒绝布莱希特和他的"间离效果"，拒绝萨特和他的"介入理论"，更拒绝20世纪60年代德国流行的所谓"新现实主义"。而这一反叛的姿态恰好与当时如火如荼的欧洲学生运动的革命精神相契合，他也因此广受六七十年代青年的欢迎。

在另一方面，虽然汉德克的早期文学路线与学生运动的精神颇为合拍，但很快他就画出了一条界线。他在当时发表的文章《我是一个象牙塔里的居民》与《文学是浪漫的》等都是对此的回应。他并不希望被裹挟进一场运动之中，这不利于他的文学发展，毕竟文学才是他的安身立命之本。他写作的基质并不是仇恨，虽然"父亲"伤害了他，但是文学拯救了他，保护了他，给他启蒙、自由与自信。他在文学阅读中找到了知音与希望，因此才会在文学出版向他招手的时候，表现得如此义无反顾。他天生就是一个个人主义者，自我与这个世界格格不入；哪怕是欣赏他并且赞美他的那部分群体，他也要与之保持距离。所以，当时德国部分失望的左翼批评家才会猛烈抨击他是"无可救药的小资产阶级主观主义者"。

他试图做一个纯粹的艺术家，"叙述自我与世界的关系"成了他的基本艺术实践主题，并且让他在文学上越来越成功。他很快就从奥地利搬到了德国，在那里结婚生子。随着自我感知与人生经验的丰富，他开始不断尝试新的表达方式与呈现手法。他几乎尝试过所有可能的文学类型——诗歌、短篇小说、长篇小说、日记、电影剧本、电视剧脚本、蒙太奇文本、各类随笔等，还尝试做起了导演的工作。

如果说20世纪60年代的早期汉德克还是以追求各种仪式化的语言形式试验为主的话，那么从《守门员面对罚点球时的焦虑》开始，汉德克明显开始尝试从这一倾向中摆脱出来。之前他的焦点更多地集中在这个异质的世界上，他像是一个好奇的孩童，试图从自己的方式去理解这个世界，因此搞起了各种语言试验，忙着去破除各种刻板印象与陈词滥调。在这些作品里，"世界"处于描述的中心位置，"自我"的成分较少或者较为抽象，甚至是隐藏在某些仪式化的叙事模式之后的。而从这篇小说开始，自我与世界之间的比例关系开始更加趋于平衡，自我面对世界的感受与认知更加突出。通过对于布洛赫意识中各种负面状态的探测，读者可以更加清楚地看出世界对于自我的威胁；而同时，这个世界又是以各种暗示性的信息碎片形式出现的，对于它们的描写又会转化为自我意识的内在结构。评论家们都给出了积极的评价，这本书也取得了商业上的成功，一年之内就销售了5万多册。

汉德克自我与世界之间的基本问题一直都还在，并且随着年岁的增长与人生阅历的增加，又呈现出更为丰富的状态。尤其是与妻子分手以及母亲的自杀更是促使他进一步思考这一问题。而《短信长别》（他自己称之为"成长发展小说"）与《无欲的悲歌》正是上述两个人生事件的自传性诗学反思，他描写了他与妻子之间真实发生的美国之旅，在里面两人渐行渐远，他也重新追溯了母亲的真实死亡。而这两部作品的主题似乎都是人类沟通的困难性，理解或无法理解之间的问题变成了作者本人必须直面的道德问题。真实在早期作品那里还只是一个形式化的范畴，还只是存在于语言之中的现实的对立面，而现在它具有了现实的道德范畴。他前期那种批判式的语言试验被彻底克服，主体与个人经验的历史维度最终与被陌生力量所左右的世界之间达到了最佳的平衡。《短信长别》与《无欲的悲歌》也因此被认为是汉德克最出色的两部小说，更让他在1973年成了德国最为重要的文学奖项（毕希纳奖）历史上最年轻的获奖作家。那一年，他离开德国，独自带着女儿移居巴黎。

用文字对抗世界与时间的消失

自我的真实感受逐渐占据主导位置

但是也是从这一时期开始，艺术上一直"求新求变"的汉德克开始对自己的创作产生了怀疑，他陷入了某种"写作危机"："人们似乎认为真实的东西就是恶劣的状态与多舛的遭遇；而如果恶，或者面对恶的那种或多或少的滑稽的绝望成了艺术的主要与主导性对象的话，那么这样的艺术才是完全符合现实的。但是为什么我却不想再听到，不想再看到或者再读到所有这样的东西呢？而每当我自己也写下哪怕唯一一个控诉我自己，也谴责并揭露我自己和其他人的句子的时候（除了出于义愤的时候），为什么我会彻底晕倒？"

他对世界的看法也逐渐发生着改变，他开始重新去接纳这个从前与他的自我格格不入的世界，并在接纳过程中开启重新发现自我与世界的旅程。而1975年出版的《真实感受的时刻》的标题本身就已经暴露出汉德克创作实践上的重心偏移：自我的真实感受逐渐占据了叙述的主导位置。他开始实时记录下自己的各种感受，他甚至借此创造了一种新的文学样式：他日记里的记录原本是为了文学创作积累素材与灵感的，而在记录过程中，他突然"发现了一种全新的文学的可能性。我现在开始练习用语言对我所遭遇的一切做出立即的反应，并观察在这一经历的瞬间的时间断层里，语言是如何被激活与被传达的"（《世界的重量——1975年11月至1977年3月日志》）。

让风景变得永恒

在1978年11月，汉德克开始创作他的转型之作——《缓慢的归乡》。他试图通过这部作品追溯每个存在的最原初理由，探问个体的权利以及他与社会之间的关系。他为主人公起了一个很有趣的姓氏——索尔格（Sorger），德语中"忧虑者与不幸者"之意；而名字瓦伦丁（Valentin）则是拉丁语中"健康强劲"之意，这个名字同时还是恋人的守护神。这两个名字的组合本身似乎就象征着人类的基本矛盾状态。而当这位地质学者结束在阿拉斯加的工作后来到美国东海岸，最后来到了纽约，在那里他经验到"一个立法的时刻：它宣布免除了我的罪责，免除了那自我承担的罪责，也免除了那后来感受到的罪责。它让我这个独来独往的、始终只是偶然有能力参与的人，承担起尽可能坚持不懈地参与的责任。这同时也是我的历史性时刻：我在学习（是的，我还能学习），原来历史不仅是像我这样的人只会软弱无力地横加指责的诸多丑恶的先后排列，而且自古以来也是每一个人（包括我）可以继续并且促成和解的一种形式"。通过之前的思考与准备，最终通过这本书，汉德克终于迎来了写作上的转机。他对于历史与人类社会的看法不再机械，而是变得越来越辩证。年近不惑的作家开始以一种更为平和的心态去看待这个世界。

而真正标志着汉德克转型完成的作品，当属1980年发表的《缓慢的归乡》的第二部《圣山启示录》。在这部作品中，他终于彻底摆脱了写作危机，并为自己未来的写作找到了方向。"塞尚最初也曾经画过像《圣安东尼的诱惑》一类的恐怖图画。但是，随着时间的推移，他唯一的问题则变成了如何将那纯粹且无辜的尘世之物加以实现的问题（réalisation）：苹果、岩石、人的脸。在这里，真实的东西变成了已获得的样式，它不是要控诉世事变幻，历史湮灭，而是要将一种和平的存在加以传达。——艺术之道不外如是。"这段话的几个关键词非常值得注意："纯粹无辜的尘世之物""实现""和平的存在""传达"。汉德克厌倦了表达"不和平的虚无"，他转而投向了外界大自然的怀抱，像画家一样观察起那些"尘世之物"，他要用作家自己的方式去让这些"物体"得以"实现"，而作家的方式就是"叙述"。他后来写道："叙述的美妙之处也在于，被叙述的物体就好像全新的，即使这些东西在这个事实世界或这个信息世界里已经被毁掉了。"他变成了一个"存在的守护者"，用自己的文字去对抗世界的消失。以文学作为安身立命之所的他再次确认了"写作的权利"。

他在创作《缓慢的归乡》时在笔记本中写道："有时会有

这样的设想，一个作家也许最重要的义务就是，让风景变得永恒——但是怎么做呢——通过讲述人们的故事。"对于"叙述"或"写作"的意义与功能，他给出了自己的思考与解答。他在1986年发表的《去往第九王国》无疑是这一思考最闪亮的结晶，是其叙事创作的又一个高峰。他在里面讴歌"叙述"："叙述，没有什么更现实的东西比得上你，没有什么更公正的东西比得上你，你是我最神圣的东西。叙述，远方战士的守护女圣徒，我的女主人……叙述万岁。叙述一定要长存。叙述的阳光将会永远普照在那只有伴随着生命的最后一息才能够被摧毁的第九王国之上。后来者，当我不再存在于斯的时候，你会在叙述的王国里找到我，在第九王国里。"

　　他变得越来越像一个画家。连创作的工具都不再使用打字机，而是变成了铅笔。用双眼去观察"无辜的尘世之物"，再用铅笔去"叙述"它们，以便达到将它们永久保存的目的。他专注地"叙述"那些不起眼的事情，或者是单纯的"静物"。他的"试论五部曲"正是这一时期的产物，他通过不断变换视角的方式叙述自己关于某个主题或对象的全部回忆与思考，从而达到让关于对象的所有图景都得以在叙述中呈现出来的目的。而1994年创作的长篇巨著《我在无人湾的一年——一个新时代的童话》则摆脱了所有关于小说的形式束缚，一大部分叙述自己的旅行，而另一大部分是描写自己在法国南部的一个池塘边经历。在另一个层面上，它也是关于"叙述在当代如何成为可能"的叙述，同时也是一部即兴式的长篇。

保存"无辜的尘世之物"

对抗时间与消失成了后期汉德克创作的基本主题。可能也正是出于同样的理由,从20世纪80年代开始,他陆续翻译了很多文学作品,希望通过他的翻译让更多好的作家的作品在德语中得以保存,其中就涉及多位斯洛文尼亚的作家(Gustav Janus, Florjan Lipus)。也正是出于同样的理由,面对"第九王国"的消失,他才会变得无比愤怒。从1991年的《梦幻着告别第九王国》开始,他对于给他留下美好回忆的南斯拉夫的解体表达了自己的惋惜与不理解。尤其是1996年的游记《多瑙河、萨瓦河、摩拉瓦河和德里纳河冬日之旅或给予塞尔维亚的正义》更是引起了轩然大波,遭到了西方媒体的口诛笔伐,但他依然不为所动,又发表了多部作品表达自己的看法。在2006年的一次访谈中,他回答了自己支持塞尔维亚的根本动机:"是因为语言。人们不应该这么写关于南斯拉夫的事情。语言突然一下子变质了……一些可怕的事情发生了。我在撰写《冬日之旅》的时候,我亲身经历了受到制裁的塞尔维亚,这是我以前不了解的事情。后来有人取笑说我写的贝尔格莱德市场上的面条都是不一样的黄色。那里的面条确实如此。它就是叙述这些东西的国度。"

捍卫文学与语言的纯净,保存那些曾经的"无辜的尘世之物"不受时间的侵害,这就是后期汉德克的历史使命。"他的创作是当代文学困惑的自然表现:世界的无所适从,价值体系的崩溃与叙述危机使文学表现陷入困境。汉德克封闭式的内省实际上也是对现实生存的深刻反思。"(韩瑞祥语)也许用作家自己的话来结束这篇文章似乎更为合适："在我写的东西里，人们应该感觉到存在，生命与死亡，易逝与不朽。一个东西越美、越深刻、越真实，它也就越令人痛苦。"这也许就是汉德克能够带给中国文学的启示吧。

彼得·汉德克（Peter Handke，1942—　）

1942生于纳粹德国占领下的奥地利格里芬，奥地利先锋剧作家，二战后欧洲最有影响力的奥地利作家。在西方他同时也是一个极具争议的作家，因为他曾多次公开支持塞尔维亚前总统斯洛博丹·米洛舍维奇。

1960年入格拉茨大学学法律，并参加了青年作家团体"格拉茨人社"。1965年，公开发表了他的第一本小说《大黄蜂》，之后遂放弃学业，成为一名自由作家。

1966年发表剧作《骂观众》后，开始受到关注。1967年他最著名的剧作《卡斯帕》发表，在欧洲获誉为"Play of the Decade"。《卡斯帕》已成为德语戏剧中被排演次数最多的作品之一，在现代戏剧史上的地位堪比贝克特的《等待戈多》。

1973年，因在戏剧的突出成就，获得德语文坛最高荣誉毕希纳奖，当时年仅31岁。创立了颠覆性的"说话剧"，消除了布莱希特极力保持的演员与观众、戏剧与现实之间的距离，即"陌生化"或"间离"，获得2009年度的弗朗茨·卡夫卡奖。

2014年获得戏剧界的最高荣誉国际易卜生奖。

2019年10月10日19时，瑞典文学院宣布，将2019年诺贝尔文学奖授予彼得·汉德克。

主要著作有：《骂观众》《无欲的悲歌》《左撇子的女人》《缓慢的归乡》《去往第九王国》《形同陌路的时刻》《柏林苍穹下》《错误的举动》等。

（本文2019年11月21日刊于《社会科学报》，原题"彼得·汉德克：捍卫文学与语言的纯净"。）

35. 托马斯·曼与古斯塔夫·马勒有什么交集?

　　1911年5月，托马斯·曼与妻子及哥哥亨利希·曼一同去意大利旅行，在威尼斯遇到了波兰贵族少年乌拉基斯拉夫·莫伊斯（昵称塔齐奥），归国后就写出了著名的中篇小说《死于威尼斯》。他为里面的作家主人公选定的名字叫做古斯塔夫·阿申巴赫，年纪设定为五十出头。一开始，并没有人注意到这个名字与年纪有什么特别之处，早期的文艺评论者也没有对于这个名字给予特别的关注。然而在1921年，为《死于威尼斯》配彩色版画的画家沃尔夫冈·伯恩出版画集的时候，邀请托马斯·曼为其作序。在序言中后者提到，他有意识地在小说中让主人公阿申巴赫戴上音乐家马勒的面具。读者这才意识到这本书与奥地利音乐家古斯塔夫·马勒之间的联系。

但是关于托曼斯·曼与马勒之间的联系，学术界却因为资料的缺乏而一直语焉不详。2018年，女歌唱家弗劳克·梅-琼斯在苏黎世的托马斯·曼档案馆里发现了一封马勒写给托马斯·曼的信（具体日期不明，邮戳显示为1910年11月6日寄出）。这封信终于让我们对两者的交集有更为深入的了解：

亲爱的曼先生：

您亲切的来信与礼物均已收到，迟迟未能回复，深感惭愧。您的信件让我感到由衷的高兴，我甚至无法理解自己的迟复，只不过我因为个人经验也知道，受赠人经常处于比赠与人更为尴尬的境地，因为现在经常很难找到能够与您的赐予相匹配的东西。而且您亲切的来信也需要一个更有意义的回复，而不是一句轻率的问候。在我穿越大西洋的旅途中，我特别想念我的学生，因为正是他让我慢慢了解了您的著作，它们对于我而言也变得越来越重要。您最近送的那本书我也留给了今年的旅行。请接受我对于您作为诗人与朋友的双重感谢（前者也直接决定了后者）。我知道，您一定不会误会我之前的沉默。所以我希望，当我们彼此的道路再次交叉的时候，我们不会像前两次那样彼此匆匆擦肩而过。

致以最诚挚的问候，一直尊敬您的

古斯塔夫·马勒

信中提到的"学生"，指的是克劳斯·普林斯海姆，托马斯·曼的内兄。他曾于1906—1907年间，在维也纳皇家歌剧院跟随马勒学习指挥艺术，做过后者的助理指挥。他是两者发生联系的关键性人物。而里面提到的两次彼此道路的"交叉"，从现有证据来看，似乎都发生于马勒作品在德国的公演之际。一次是1908年10月27日，当时马勒的第七交响曲刚刚完成了德国首演，在随后举行的庆祝宴会上，在慕尼黑的四季酒店，两人有过短暂的接触。这件事被托马斯·曼的岳母记录在了自己的日记中。而另外一次则是1910年9月12日，马勒的第八交响曲在德国首演，同样在四季酒店，两人又再次会面。不过在这样的场合，估计也很难有私下里的交流。

　　但是托马斯·曼对于第八交响曲非常欣赏，在两天之后，还特意写了一封表达崇敬之情的书信，并且附上自己的作品《国王陛下》。这也就是马勒信中提到的"亲切的来信与礼物"。托马斯·曼认为，在马勒身上体现着"我们这个时代最为严肃最为神圣的艺术意志"。马勒受叔本华的影响，以人生为意欲的表现与痛苦。事实上，在那个"西方没落"的年代，人的存在问题已经成为欧洲艺术家、思想家们的普遍困境。可以说，马勒的艺术思想，尤其是对于"死亡"的反思在一定程度上也深刻地影响到了托马斯·曼。

　　而在现实生活中，艺术家也没能摆脱死亡的命运。在马勒写给托马斯·曼的信头处，马勒又添加了一句："不知这封信能否送达您的手中？"因为他收到托马斯·曼来信的地址是后者的乡间别墅，他猜测，托马斯·曼现在可能已经去往了别的地方，所以在信封上还写了"请转交"的字样。当时已经重病缠身的音乐家，在写下这句担忧的时候，心里可能多多少少对于自己的死亡有了些预感与担忧，他之前的"沉默"似乎也与其身体状况有一定关系。

虽然他还希望能够与托马斯·曼的道路再度"交叉"，但是他们之间的交集却到此戛然而止。1911年5月18日，马勒逝世于维也纳，享年51岁。而同样在5月，托马斯·曼与妻子及哥哥正在意大利旅行，他们同时还密切地关注着报纸上关于马勒病情的报道。而就在马勒去世的消息传来不久，托马斯·曼动身前往威尼斯，从此开启了《死于威尼斯》的故事。可以说，虽然与贵族少年的邂逅乃《死于威尼斯》的直接诱因，但马勒作为艺术家的死亡才是小说背后真正的主题。他之所以给主人公命名为"古斯塔夫"，正是向古斯塔夫·马勒致敬。而阿申巴赫的年龄和外貌也与马勒本人基本吻合。所以1971年，意大利导演卢基诺·维斯康蒂在将小说《死于威尼斯》改编为电影时，还特意将主人公的身份由小说家改为作曲家，并且安排这位作曲家去世时候的背景音乐是马勒的第五交响曲。

36. 第一个"德国人"是谁?

　　有人说,我们搞文科的人就是麻烦,日常生活大家都在使用的词语,我们非要弄个清楚明白。例如,日常大家说"德国人"这个词一点问题都没有,但是我们搞文科的(喜欢钻牛角尖的)非要问个明白:到底谁才是德国人? 是不是定居在德国人的人就是德国人? 有了德国国籍就算德国人吗? 还是说要会说德语,懂得德国文化才算是德国人呢? 我们注意到,我们依据的标准不同,给出的定义就会有很大差异。所以,千万不要问我们文科人某个东西的定义,我们一般都会说:这是个复杂的问题。

　　但我们有时候会给出一些搞笑的回答。例如你问湖南师范大学有多少年的历史，他们说可以追溯到岳麓书院。这种现象按照钱锺书先生的说法叫作："暴发户造谱牒，野孩子认父亲。"很多人都有这个习惯，喜欢给自己找一个祖上来证明自己的出身不凡。其实德国人也不例外，1935年，德国莱比锡就有一本畅销书叫做《德意志5000年》（*5000 Jahre Deutschland*）。

其实要笔者说，作者还是太保守了，德国其实有60万年的历史。因为在1907年，在风景如画的海德堡，距离该城东南10公里处有一个小镇叫做毛厄（Mauer），有一个工人在河床旁边的采沙场里采沙子，突然挖到了一副人的下颌骨。下颌骨粗壮、下颌体厚，在前臼齿及臼齿下方的下颌体较高。和下颌一起发现的动物化石包括犀牛、赤鹿、古菱齿象、牛、麋鹿、河狸、狮、原始狐、马等。其时代为更新世中期，距今约60多万年。这副下颌骨被认为是欧洲境内发现的最古老的人类化石，因为发现地点的原因，他被称为海德堡人（Heidelbergmensch），学名Homo Heidelbergensis。

后来在100年间，欧洲各地又陆续发现了与其形态类似的古人类化石，他被认为是尼安德特人的直系祖先。所以我们可以说他是第一个德国人，甚至也是第一个欧洲人。在海德堡的同学有兴趣的话可以去找找看。

食 品 器 物 篇

37. 德国啤酒有哪些类型？

中世纪的时候，欧洲北部水质很差，但大家又不喜欢喝开水，于是比利时的一群修道院教士开始用煮开的水酿造啤酒，既能当水喝，味道也很好。大家都觉得啤酒是饮料，教会也就不会禁止。在教会的斋戒期间，也是允许喝啤酒的，当时有一种说法叫作Liquida non frangunt ieunum（拉丁语）（德语：Flüssiges bricht das Fasten nicht，汉语：喝饮料不算中断斋戒），颇有点"酒肉穿肠过，佛祖心中留"的意思。

当然这个类比不是很对，因为在基督教世界里，液体食物具有更多的宗教内涵，而固体食物则偏于世俗。于是啤酒越来越流行于各个修道院。而与西欧等地相比，德国与捷克等中欧国家水质更好，用麦芽进行最简单的发酵酿造出来的啤酒都很好喝。于是啤酒迅速成为中欧地区最受欢迎的饮料。很多德国修道院都有自己的传统配方，他们都会酿造啤酒并且售卖。这其中最著名的应该就是"保拉纳"了，Paulaner其实是"最简修会"（Orden der Minimen）修士的意思，因其创始人弗朗茨·冯·保拉（Franz von Paula）而得名。

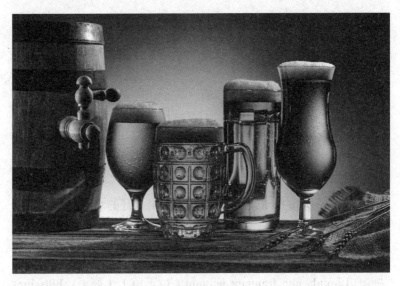

　　我们来学习一下啤酒酿造的基本动词：Bier brauen，英语是brew（这个单词还是当年笔者玩《法老王》游戏时学会的）。世界上公认的啤酒分类方法是按照酵母的发酵方式将啤酒分为顶部发酵（Obergärung）和底部发酵（Untergärung）两类。顶部发酵，使用该方式发酵的啤酒在发酵过程中，液体表面大量聚集泡沫发酵，发酵温度较高；底部发酵，酵母在底部发酵，发酵温度要求较低，酒精含量较低。大部分德国啤酒是底部发酵的，所有的中国啤酒都是底部发酵的。

据统计，目前德国共有1040家啤酒生产商（Brauerei），他们一共生产近7900种啤酒。可以说，德国遍地都是啤酒。

我们先看北部。由于德国北部靠海，有着悠久的航海传统，所以其啤酒的特点也更偏向于海员风格，劲儿大，浓烈。尤其是很有特点的"熏制啤酒"（Rauchbier/Räucherbier），想必很多人都没尝过。熏制啤酒是在麦芽干燥阶段用樱花树、苹果树、白胡桃的木屑来烟熏，从而产生独特的风味。配肉类，特别是牛肉干，最能体现出味道。

还有一种比较古老的香料啤酒（Gewürzbier/Kräuterbier）。在现代啤酒花出现之前，人们经常把各种香料加在啤酒里，例如鼠尾草、欧洲刺柏、薄荷、陈皮或者芫荽等，感兴趣的读者可以试试。

德国西部，主要是莱茵河地区，尤其是科隆、杜塞尔多夫、克雷费尔德和门兴格拉德巴赫一带，有很多很好的啤酒。尤其是传统的顶层发酵的老啤酒（Altbier），这里的"老"指的是酿造工艺较为传统的意思，酒精含量大约4.8%。老啤酒颜色较深，带着深琥珀色，口感适中，在杜塞尔多夫一带很流行。

科隆一带有专门的科隆啤酒（Kölsch），采用顶层发酵，酒精含量4.8%。酒质清淡，色泽极浅，一般只在科隆及周边地区销售。

而在德国东部，柏林、波茨坦、德累斯顿以及莱比锡等地，由于它们靠近捷克，所以受到皮尔森啤酒（Pilsner Bier，简称

Pils）的影响特别大。皮尔森啤酒是德国酿制最多，同时也是饮用最多的啤酒。原料为浅色麦芽，软水，底部发酵，加上香浓的啤酒花。清啤酒呈透明的浅黄色，口感较苦，酒精含量约4.8%。

在这一带，白啤也比较流行。和白葡萄酒类似，白啤并不会呈现真正的白色。通常，白啤的颜色呈黄色，不过由于其白色泡沫干净而又丰富，因而才被称为白啤。和其他啤酒不同，白啤一般指的是往麦芽中添加较大比例的小麦后再采用顶层发酵法生产而来的一种浅色啤酒，也叫作小麦啤酒（Weizenbier），比较有名的有柏林白啤（Berliner Weißbier），原产地是柏林和周边地区。它通过特别的方式酿制而成，口感较酸，顶层发酵，酒精含量极低，只有2.8%，经常混合红色的覆盆子糖浆或绿色的香车叶草糖浆，成为有色的混合饮料。

在莱比锡一带，戈塞啤酒（Gose）也非常有名。它也是一种顶层发酵的浅色白啤，喝起来带点酸味。有些人可能接受不了，不过喜欢的人会觉得它清新爽脆，夏天用来消暑再合适不过了。坊间有"花中玫瑰，酒中戈塞"（Was unter den Blumen die Rose, ist unter den Bieren die Gose）的说法。

在德国中部的图林根地区，人们特别喜欢喝黑啤（Schwarz-bier）。原料选择深色麦芽，啤酒色泽较深，由此得名黑啤。底部发酵法酿制，口感纯正，酒精含量在4.8%到5%之间。它赋予了酒液深浓的黑色，同时也带来了醇厚的酒体和丰富的层次感，当然还有突出的麦芽香和焦糖味。

真正的啤酒重镇当然是德国南部。法兰克地区以纽伦堡、维尔茨堡为中心，上普法尔茨地区以雷根斯堡为中心，而巴伐利亚地区则以慕尼黑、奥格斯堡、埃尔丁以及罗森海姆等为中心，这些都是啤酒的重要生产与消费地区。在这些地区，到处都是小的作坊与大的啤酒品牌，类型非常丰富。尤其是阿尔卑斯山地区，很多村庄内部都有自己特色的啤酒作坊。这里的小麦啤酒或者说白啤也非常出名。而另外一种非常受欢迎的就是淡色啤酒（Helles），主要采用底层发酵，酒精含量在4.6%到5.6%之间，在巴伐利亚州和巴登–符腾堡州非常受欢迎。这种啤酒在8摄氏度时饮用口感最佳。

同时还有一种深色啤酒（Dunkelbier），发酵方法和酒精含量与淡色啤酒相同，只不过麦芽含量更高，口感更为醇厚，颜色介于淡色啤酒和黑啤之间，在巴伐利亚地区很受欢迎。

38. 中国的中秋节与德国的啤酒节有什么渊源?

中国有中秋节，那德国那边有什么呢?

当然是啤酒节!

德国人将我们的中秋节非常直白地翻译成"月亮节"（das Mondfest），这是一种简化译法，直击人心，方便记忆，但其实并不准确。同样，我们在翻译德语的Oktoberfest的时候，也直接将其简化为"慕尼黑啤酒节"，这的确像是吃货会采取的翻译方法。你别说，我们确实也一下子就记住了，但事实上却窄化了这个节日的内涵。

事实上，这个节日的名称Oktoberfest原意应该是"十月节"，也就是在10月举行的节日。据说其历史要追溯到巴伐利亚路德维希一世国王大婚时举行的庆祝活动，特别是一个盛大的赛马活动。但经过酒店老板与啤酒酿造商的造势推动，最终演变成了今天这个样子。这样的起源说法目前仍有争议，这是其一。其二是，它没有解释为什么巴伐利亚的人民对此乐此不疲，而且这个节日最后风靡全世界。

慕尼黑啤酒节与中国的中秋节一样，背后都隐藏着北半球人民庆祝丰收的隐秘历史。其发生的时间都是在9月到10月之间，正是秋天收获的季节，人们需要用一场欢庆来庆祝丰收，酬报自己劳作的辛苦。

我们注意到，慕尼黑啤酒节之所以叫作"十月节"，是因为这个节日原本确实是在10月举行，但后来被提前到了9月，一般开始于9月15日之后的那个周六，而结束于10月的第一个周日。2000年之后有个规定，如果10月1日或2日恰好是周日的话，那么该庆典将被延长至10月3日国庆节那天。所以，啤酒节的天数是不固定的，最少16天，最多18天。

而这个节日被提前到9月举行，一方面当然是天气更暖和的原因，另一方面9月应当也是德国庄稼成熟的季节。无独有偶，我们还要注意到，德国教会有过规定，10月的第一个周日还是所谓的"感恩节"（Erntedankfest），从其字面意义就能看得出来，10月第一个周日就是宗教上人们庆祝丰收的日子。所以可以推断，慕尼黑啤酒节应该也是丰收庆祝的一种变体。

从这个意义上来说，中国的中秋节与德国的慕尼黑啤酒节可以算是姐妹节。

39. 德国"咸猪手"为什么并不简单?

　　本文来聊聊德国"咸猪手"。这是道德国名菜,有名到中国人民也耳熟能详。甚至有的同学还知道它的德语名称:die Schweinehaxe。然而,事情其实没有那么简单。

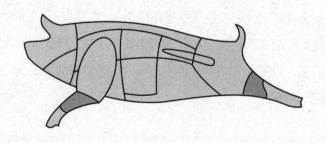

首先是部位，具体选取的猪腿部位见前页图①。

德国人对于猪蹄还是不怎么吃的，真是暴殄天物啊。

其次，猪腿料理其实分成两大门派："北腌"与"南烤"。

在德国北部以及波兰一带，人们在吃猪腿之前，一般要先对它进行腌制处理，就跟我们国内的咸肉一样处理。做的时候，取一整条猪腿放在锅内炖煮即可，再配上豌豆泥、酸菜、土豆泥或面包等（不如此，不能解油腻啊）。这样做出来的猪腿不叫Schweinehaxe，而是叫Eisbein，意思是"冰腿"。传说德国人从前用猪腿骨的这个部分来做滑冰用的冰刀，因此而得名。

在德国南部、奥地利以及捷克等地，猪腿一般来说都不腌制，而是直接放在烤箱或烤架上烟熏与炭烤。油滑光亮的猪腿表皮变得柔软而有嚼劲，最后形成一层类似于锅巴的脆皮（我们北方话叫"嘎巴"），再配上一杯德国黑啤，感觉不要太爽。整个价格也不贵，一份大概12欧元。

总结来看：北方吃腌制的猪腿，经常配酸菜一起炖，加入各式香料，烹饪方式比较像中国菜的"炖"，与东北的酸菜炖白肉有异曲同工之妙，翻动几次等到炖熟后就可享用。典型的水煮猪脚必定会有配菜，配菜往往是德国酸菜、土豆泥等。吃的时候，可以将所有配菜和猪腿一起蘸上德式黄芥末酱，嫩软而不油腻，鲜香四溢，再配上北德略带苦味的啤酒，味道特别正宗。这种猪腿叫作Eisbein。

---

① https://www.wikiwand.com/zh/%E5%BE%B7%E5%BC%8F%E7%83%A4%E8%B1
%AC%E8%85%B3，最后访问日期：2022年11月1日。

南方吃烤制的，这时候不腌制，这种腿叫作Schweinehaxe。在奥地利，人们在炭烤之前，还会把猪腿放在大蒜和香菜等香料配成的酱汁里煮一下。这样煮出来的猪腿烤完之后更加鲜香美味，奥地利人把这个称为Stelze。

请大家注意三个词的区别。Guten Appetit!

40. 捷克和德国的"馒头"有什么"玄机"？

人们常说："读万卷书，行万里路。"读书促人思考，而行路则助长见闻。大千世界，无奇不有，我们每个人其实都是那只井底的青蛙，自以为看到了全部的蓝天，殊不知却被自身的环境局限了视野。所以旅行也就成了必要，多看看这个广阔的世界，可以很好地去除我们的偏见。而这正是笔者在遭遇德国"馒头"的时候想到的。

笔者是黑龙江人，虽然东北出产优质大米，但由于这片土地上的人们很多是山东移民的后裔，所以面食也算是传统饮食（东北在全国来讲属于为数不多的面食与米饭并重的地区）。从国人的常识来看，北方多吃面食，南方嗜食米饭，馒头是北方人民最为喜爱的主食之一。笔者曾经一直以为馒头是中国特有的面食，甚至在学了德语之后也想当然地以为，欧洲人吃面包，中国人吃馒头，我们蒸着吃，他们烤着吃。

一个很偶然的机会，笔者点了一个波希米亚风的匈牙利炖牛肉（Gulasch），菜单上写着配有Houskový knedlík。匈牙利炖牛肉笔者比较喜欢吃，结果上来却让笔者有点疑惑。笔者一看：这不是牛肉配上馒头片吗？莫非店主看笔者是中国人特意照顾笔者的，竟然这么细心？拿起来吃在嘴里，这口感完全一模一样，这是怎么回事？笔者叫来招待，他说这就是Houskový knedlík，是捷克的一个特色面食，德语叫做Semmelknödel，大概意思就是面包团子。这就激起了笔者的好奇，于是笔者翻阅了一下资料，才发现自己对于德语的很多词汇其实还是了解得太过肤浅。

以前，学德语Knödel这个词，就看了中文翻译，知道是"丸子"的意思。但是这样的语义理解其实是有问题的，因为它是以你的中文理解为前提的，你对丸子的认知完全来源于你对中文世界中丸子的经验，感觉就是面团加肉末或其他配料，然后水煮或油炸。但Knödel在德国的情况其实是另一番世界。

德语中其实有两个词，一个是Kloß，而奥地利以及南德地区的人们则将其称为Knödel。我们之所以将其翻译为丸子，是因为外形类似。其配料可以是面粉、土豆、旧面包、未发酵面包、粗粒小麦粉、肉、奶制品等。一般的烹饪方法就是在盐水里煮或者在上面蒸。它可以作主食，作配菜，作汤料，甚至作甜点，是东部及南部德国、奥地利和捷克等地的重要食品。捷克语 knedlík这个词其实就是从其原属的奥匈帝国所使用的Knödel演变过来的。

　　所以，在这些地区你遇到类似于中国的馒头的东西并不稀奇。例如Dampfnudeln，看字面意思你没准会翻译为蒸面条，其实它长得与中国馒头几乎没有什么区别。有机会大家可以在捷克或德国的网站上找到相关的制作配方，感兴趣的话可以亲手制作一下。

41. Tasche与"包"有什么区别和联系？

学外语的人有一个乐趣，是不学的人领会不了的，即他能够从外语的角度重新思考母语里的词汇与句型。而这也体现在了德语的Tasche与汉语的"包"上。

Tasche的古高地德语形式为tasca，据说是"小口袋""小容器"的意思。该词源出何处目前还无法考证出来，但其主要含义从古高地德语时期就已经确定，那就是用来放置物品的容器。所以Tasche有两大主要含义：一是与汉语的"包"吻合，指装东西的较大的袋子，一般可以用身体的某个部位去承载，例如Handtasche, Unterarmtasche, Umhängetasche, Schultertasche等；二则与中文的"口袋"或"兜"类似，指的是衣服或箱包等上面的小口袋或小兜。

汉语"包"字是个象形字，本意其实是"胞胎"，所谓"象人裹妊"是也，由此引申出了"包裹""包围"的意思。汉语的含义有点"包裹得严严实实，密不透风"的意思。所以"包"不能用来表示衣服口袋的意思，这也是其与Tasche的主要差别。

但是有趣的是，在饮食上，Tasche与"包"又结缘了。汉语里用"包"表示"裹着馅儿的面食"，例如菜包、肉包、糖包等，仍然与妊娠有些象形的意思。无独有偶，德语中表示"裹着馅儿的面食"，也用了Tasche一词，即所谓的Teigtasche，字面理解就是"用面团做的小口袋"。笔者常常和同学吐槽说，这个词才应该翻译成"面包"，面包不应该叫包，它里面又没有馅儿，应该叫"洋馒头"或"洋馍馍"才对。（开个玩笑，面包的"包"当是与"山包"类似，指的是鼓起来的样子。）

在德国施瓦本地区，还有一个颇具特色的地方带馅儿的面食，名字就叫Maultasche。

笔者在"杜登"里查了一下Teigtasche一词的德语释义：

> zwei kleine Vierecke aus Teig, die an den Rändern zusammengeklebt u. mit einer Füllung versehen sind[①]

这一看释义，就看出了德国人对Teigtasche的理解，和我们完

---

① https://www.wikiwand.com/zh/%E5%BE%B7%E5%BC%8F%E7%83%A4%E8%B1%AC%E8%85%B3，最后访问日期：2022年11月1日。

全不同。我们是一块面皮包起来，所以叫"包子"。他们是"两块四方形的面团，装上馅儿，然后在边缘处黏合在一起"。现在大家知道，德国人为什么做不好饺子了吧！

42. 世界各地有哪些包子与饺子?

德语的Teigtasche，即所谓的"带馅儿的面食"，相对应在中文里面最常见的就是包子（发面的）和饺子（死面的）。作为国人，我们当然会认为这两个东西是我们独有的，但是实际上，世界各地类似于包子或饺子的面食非常丰富，今天我们就来看一下来自世界各地的包子或饺子。

首先看亚洲，这里是中华文化影响最深远的地区，所以很多面食的做法都能在中国找到源头。

以蒙古为例，那儿有肉馅的蒙古包子，而且发音也类似于汉语，叫Buuds。蒙古还有羊肉合子或馅饼，叫Khuushuur。

韩国"馒头"（Mandu），可以放在汤内煮熟又或者煎熟，通常用肉和菜做馅，也可以加上泡菜或者粉丝等其他配料。

日本则有"中华馒"（Chūkaman），其实也就是汉语的"包子"，有肉馅或红豆馅等。日本当然也有"饺子"（Gyōza）。

包子在东亚和东南亚非常流行，除了蒙古、日本之外，在缅甸，人们把包子叫做Pauk-si。

在越南叫做"饼包"（bánh bao），内馅用猪肉、洋葱、蘑菇、蔬菜等。

在泰国和菲律宾，估计受客家话影响，都使用"烧包"，分别是Salapao和Siopao。外形如馒头，内馅为猪肉、鸡肉、羊肉、虾仁、鸭仔蛋等。

另外在印度尼西亚和马来西亚等地，也都有类似的食物以及相似的词汇。

尼泊尔一个食物叫"馍馍"（Momo），也是来自汉语，但并不是馒头，而是类似于饺子或小笼包一样的食物。馅料一般是肉类、蔬菜、干酪，多以水牛肉为主，亦有猪肉、鸡肉及青菜等其他口味之选择，加上当地的咖喱粉、番茄、高丽菜和芥子油等。包好的饺子可蒸可煎，通常佐以番茄酱汁或辣椒酱汁来食用。

汉语的"馒头"最早指的是多种蒸面食，后通过丝绸之路广泛传播，阿富汗就有一词叫Mantu，指的是类似于饺子或烧卖的带馅儿面食。而后来由Mantu一词演变为诸多突厥民族后裔喜好的食物Manti，多数以羊肉为馅，用加拌着碎葱的酸奶煮熟后，浇上黄油，喷上红辣椒粉。

俄罗斯东欧一带，也有一些类似于饺子的食物。

俄国饺子 Pelmeni，馅料有猪、羊、牛、鱼肉，比较丰富。传统的馅料配比是45%的牛肉和35%的羊肉和20%的猪肉，还会用黑胡椒和洋葱、大蒜等调味。

波兰饺子Pierogi是圣诞节或重大节日时餐桌上必不可少的传统美食。虽然半圆的外形与中国饺子很相像，但波兰饺子的内馅通常包裹菠菜、马铃薯、肉、干酪、蘑菇等馅料，人们还可能吃到水果馅儿的饺子。除了水煮，波兰饺子还会采取烤制或油煎的烹饪方式，佐以奶酪、酸奶油或碎烟熏肉一同食用。

到了意大利，就出现了著名的意大利方饺子Ravioli，形似一个扁平的小枕头，用鸡蛋和面粉做面皮，包入肉和蔬菜，放进水中煮熟。

还有一种意大利面食叫 Tortellini，很多人称它意大利馄饨或饺子，馅料为肉、蔬菜以及奶酪等。传说其造型是由一位有名的面食师傅参照情人的肚脐做出来的。

外形真正酷似中国饺子的意大利美食则是Mezzelune，常见的馅料就是芝士、菠菜、蘑菇等。

而意大利方饺子也直接影响了德国的Maultasche。

奥地利的克恩顿州还有一个克恩顿奶酪大饺（Kärntner Käsnudel），当地人说"不会捏褶的姑娘就找不到婆家"。这里所说的捏褶是指制作拳头大的饺子时，如何给饺皮封口并在边缘捏出波浪形褶皱。饺馅的花样繁多，最经典的是用白色鲜酪和土豆混合制成。

此外，犹太人有一道传统美食Kreplach，应该也是受到了上述意大利式和德国式餐饮的影响，与中国鸡汤馄饨有几分相似之处。

在西班牙和拉美一带，则有著名的"恩潘纳达"（Empanada）。它也是一种将馅料包裹入面团的食物，有点像大号的炸饺子。

43. 德国的Nudel是"面条"吗?

本文讲讲Nudel这个词。

初学者难免会借助翻译法将Nudel与汉语的"面条"等同起来，但是汉语与德语其实很少存在真正一一对应的词语。Nudel当然也不例外，它并不等同于面条。

汉语的"面条"中有个"条"字，侧重指细长型的面食。但是查阅《格林大词典》后我们发现，Nudel一词大约出现于16世纪中叶，其完整形态应当是Knudel，所以德语的Nudel其实与Knödel（面团子）同源，并且与德语中很多以kn-开头的单词一样（例如Knoten, Knuddel, Knolle, Knospe, Knauf, Knopf），都表示某种

"膨胀"或"隆起"。所以德语中Nudel一词指的原本不是"面条"，而是"面团"。正因为如此，德语中才会有一个单词叫做nudeldick，大家千万不能望文生义，以为是"和面条的粗细一样"，进而引申以为是"细得像面条"。那可是完全错误的，这个词其实是"非常胖"的意思。

只不过后来随着意大利面的输入，德国人日常所见的形式基本都是细条形的，所以大家看到Nudel这个单词首先想到的主要是意大利的样式。但是其实在很多德语地区，在很多具有地方特色的食物中，Nudel仍然保留了原本的"面团"的含义。

而且值得注意的是，意大利面与中国面条都是死面未发酵的，而很多德语地方特色面食的Nudel都是发面。有意思的是，这些用法似乎集中于德国南部施瓦本、巴伐利亚、普法尔茨地区以及奥地利，例如类似于中国馒头的蒸馒头（Dampfnudel）、施瓦本蜗牛糕（Schwäbische Schneckennudel）、果馅糕（Rohrnudel，也叫Buchtel），还有奥地利克恩顿州的克恩顿奶酪大饺（Kärntner Käsnudel）。

此外，德国人还会将煮熟的土豆与面粉等搅拌，和成土豆面团，然后用煮、烤或煎的方法烹饪，这些也叫Nudel，例如Schupfnudel（油煎滚面）。

44. "炸薯条"怎么说?

"炸薯条"这个词的德语相信很多同学都很熟悉,那就是 Pommes frites。

首先,这个词需要注意写法。它是个复数名词,不过它要分开写;第一个词首字母大写,但第二个词首字母则是小写的。

其次,它的读音比较特殊。因为它出自法语,所以通常按照法语发音的规则读,即末尾的辅音不需要发出来,也就是 [pɔm'frɪt],它的重音在后面。不过在口语中,德语中人们也会将其简化为Pommes,这时它仍是复数名词,但读音不再根据法语,而是完全采用德语自身的发音规则,即 ['pɔməs]。在德国西北部，即莱茵兰地区、萨尔州地区、北威州地区等地，人们习惯性将其称为Fritten。

这种食品的起源目前存在争议，有人认为是比利时人在18世纪发明的。当时的穷人会在河里捞鱼，然后炸着吃。但是冬天结冰之后捞鱼很不方便，于是就有人把土豆弄成一条条类似小鱼的形状炸着吃。这就是炸薯条的由来。但也有人说是起源于法国。欧洲人最初不敢吃土豆，担心吃了它会染上疾病，后来是安东尼·奥古斯丁·帕门捷（Antoine Augustin Parmentier，1737—1813）在法国大力推广，终于打消了人们的疑虑，使得土豆作为一种食物被大众所接受，随后在法国巴黎就出现了类似炸薯条的吃法。无论是比利时还是法国都会说法语，所以这也就注定了这个单词的法语出身。

"炸薯条"一词的法语原本是pomme de terre frite。其中frite就是炸，而pomme是苹果，de terre则是土地，法语那边将土豆称为"地里的苹果"。德语中也有类似的说法，土豆也可以叫Erdapfel。后来比利时人将其简化为frite（也就是"炸"），而与比利时相比邻的卢森堡、荷兰以及之前我们提到过的德国西北部地区，都似乎沿用了这一说法。其中卢森堡与德国西北部都称其为Fritten，荷兰这边则说Friet。英语其实也是沿用了这一说法，只不过加了一点修饰，说它是法国式的，即French fries。

但德语的主流倾向却是掐两头，将pomme与frite都保留，同时都加上复数形式，也就是我们看到的Pommes frites。北欧这边似乎都与德国采取了同样的形式，无论是丹麦语还是瑞典语或挪威语，均是如此。

而西班牙语的土豆是patata，炸薯条则成了papas fritas。意大利语是patate fritte。

从以上词语的表现来看，不同语言选择不同的处理方法。这样的选择有没有民族心理与语言特性的考虑，欢迎大家多多讨论。

45. Strandkorb是什么东西?

时至冬日，尤其想念温暖的赤道与海岛。所以，本文就来讲讲德国海边的一件非常德国式的东西——der Strandkorb（沙滩篷椅，Strand是沙滩，而Korb原指用藤条或柳条编成的篮子或筐）。

我们都知道，德国地势南高北低，"一江春水向北流"。德国北部濒临两个海，即die Nordsee（北海）与die Ostsee（波罗的海，德语原意为"东海"）。你如果夏天来到德国的海边浴场，会看到这个沙滩篷椅到处都是。

　　据说，早在16世纪、17世纪，荷兰与德国的一些藤条编织师傅就已经为一些居民家里编制带有高篷的椅子。当时这种椅子都放在室内，用途主要是防止过堂风。后来，在1880年前后，一个得了风湿病的老太太，虽然有病痛的困扰，但仍然想去海边享受一下夏天的感觉，于是找到罗斯托克的宫廷藤条编织师傅威廉·巴特尔曼（Wilhelm Bartelmann）。他为她专门做了一个可以用在海边的高篷藤椅（见下图①），于是就有了我们今天看到的沙滩篷椅。

---

① https://www.strandkorb-abc.de/strandkorb-erfinder/，最后访问日期：2022年11月1日。

这样的带篷的椅子一般都是两人座，还有搁腿的支架，因为很轻便，还可以根据阳光与风向调整座椅的方向。①

---

① 感兴趣的话可以看一下该篷椅的使用视频https://v.qq.com/x/page/e1329xgbtad.html，最后访问日期：2021年5月8日。

46. "同心锁"起源于哪里?

"同心锁"（Liebesschloss）是一种能用以象征恋人间爱之永恒的锁，经常被人悬挂于桥梁、栅栏、铁链或其他公共设施上。挂锁前，恋人们将自己名字写在锁上，并在挂锁后将钥匙抛离自己，象征爱情永恒锁定，千年不变。

究其缘起，有人说起源于中国，还煞有介事地说："相传月老有一件宝物同心锁，相爱的男女只要被同心锁锁住就会永不分离！如果恋人的爱情能够感动月老，他就会赐给恋人同心锁，让恋人从此生生世世永结同心。"但是笔者在搜索中连续看了很多条目，发现它们都千篇一律，内容雷同，而且没有给出出处。

于是，笔者上"中国知网"查了一下"中国古代锁具"，看到了一篇硕士论文①，里面说中国的锁文化主要是"首饰锁"，即把锁当作某种首饰来使用，例如常见的给小孩子佩戴的"长命锁"等。《红楼梦》里的情节相信大家也都比较熟悉，但是绝对没有所谓的"同心锁"的讲法。这么直白大胆的方式与中华含蓄内敛的气质不符，在中国古代也为礼俗所不容，所以这个东西应该还是源于西方，那些中文网页的介绍商业气质太浓厚。

中文维基百科上是这样说的：

> 爱情锁之肇始，可溯至一战以前塞尔维亚弗尔尼亚奇卡矿泉镇的至爱桥（Most Ljubavi）。彼时，该镇女教师娜达（Nada）陷入与塞尔维亚王国军士官雷利亚（Relja）的热恋中。二人互誓永不变心。后雷利亚被征召前往希腊打仗，爱上一名来自克基拉岛的女孩而不归。远在故乡的娜达得知后，心碎而死。当地女孩们为纪念这段故事，并表达对自己爱情之捍卫，开始将镌有自己与恋人姓名的锁挂在当初之二人相遇的桥上，冀以防止对方变心。悬锁传统因二战爆发而中断，又因塞尔维亚女诗人德珊卡·马克西莫维奇笔下描绘这段爱情往事的诗歌《爱情祷告》（Molitva za ljubav）而再度受关注。观光季里，每日有大约五十人前来挂锁。②

---

① 徐瑛姞：《中国古代锁具文化研究》，中国艺术研究院，2011年。

② https://zh.wikipedia.org/wiki/%E7%88%B1%E6%83%85%E9%94%81，最后访问日期：2022年11月1日。

但德语维基百科上则说是意大利佛罗伦萨医学院的毕业生创造了这一习俗，后被罗马的恋人所使用，又随着很多关于意大利的影视剧而传播开来：

Die genaue Herkunft des Brauchs ist unklar. Ausgangspunkt in Europa ist sehr wahrscheinlich Italien（italienisch lucchetti dell'amore）. Es wird vermutet, dass Absolventen der Sanitätsakademie San Giorgio in Florenz die Urheber dieser Sitte sind. Mit dem Ende ihrer Ausbildungszeit befestigten sie die Vorhängeschlösser ihrer Spinde an einem Gitter des Ponte Vecchio. Dies wurde wohl von den Verliebten Roms an der Milvischen Brücke übernommen. Durch den Bestseller-Roman *Drei Meter über dem Himmel*（2005; Original: *Tre metri sopra il cielo*, 1992）und die Fortsetzung *Ich steh auf dich*（2007; ital. *Ho voglia di te*, 2006）von Federico Moccia sowie deren Verfilmung wurde die Thematik populär. In dieser Geschichte schwören sich die beiden Protagonisten „ewige Liebe", befestigen das Schloss an der zentralen Brückenlaterne und werfen den Schlüssel in den Tiber.[1]

其实，笔者认为，这件事情的"始作俑者"还是德国人。在中世纪的书信手抄本中，有人发现了某位12世纪末作者用中古高地德语撰写的小诗，原诗是这样的：

---

① https://de.wikipedia.org/wiki/Liebesschloss，最后访问日期：2022年11月1日。

Dû bist mîn, ich bin dîn.

des solt dû gewis sîn.

dû bist beslozzen

in mînem herzen,

verlorn ist das sluzzelîn:

dû muost ouch immêr darinne sîn.

现代德语译文是这样的：

Du bist mein, ich bin dein.

Dessen sollst du gewiss sein.

Du bist eingeschlossen

in meinem Herzen,

verloren ist das Schlüsselchen:

Du musst auch für immer darin bleiben.

中文意思大致是：

你是我的，我是你的。

你完全可以相信这一点。

你被锁住了，

锁在了我的心里，

小钥匙丢了：

你必须永远待在我的心底了。

还有好事者给出了古风版：

> 君身属我兮，我身属君。
> 此情君应知之深！
> 我今将君兮
> 心头锁，
> 钥匙儿失落兮，
> 君只得永在我心头存！

而钱锺书先生在小说《围城》中还化用了这首诗，把它作为一个有趣的情节：

> 方鸿渐同时向曹元朗手里接过扇子，一看就心中作恶。好好的飞金扇面上，歪歪斜斜地用紫墨水钢笔写着——
>
> 难道我监禁你？还是你霸占我？你闯进我的心，关上门又扭上锁。丢了锁上的钥匙，是我，也许你自己。从此无法开门，永远，你关在我心里。
>
> ……
>
> "至少是借的，借的外债。曹先生说它有古代民歌的风味，一点儿不错。苏小姐，你记得么？咱们在欧洲文学史班上就听见先生讲起这首诗。这是德国十五六世纪的民歌，我到德国去以前，跟人补习德文，在初级读本里又念过它，开头说：'我是你的，你是我的'，后面大意说：'你已关闭，在我心里；钥匙遗失，永不能出'。原文字句记不得了，可

是意思决不会弄错。天下断没有那样暗合的事。"①

这应该才是Liebesschloss最早的起源吧。

---

① 钱锺书：《围城》，人民文学出版社，1991年，第71—72页。

47. 与"纸牌"相关的名词有哪些?

现在中国通用的纸牌样式其实是"法式纸牌",德语叫 Französisches Blatt,因为它在1480年左右诞生于法国。

这种纸牌分为四个花色(Farben),全部是中性的:红桃或红心(das Herz,原意是心脏),方块(das Karo,原意就是四边形),黑桃(das Pik,原意是尖端,因为它与红桃方向相反,尖端朝上),梅花(das Kreuz/das Treff,就是十字交叉的意思)。

牌的正面都会标注一定的数值或字符(Kartenwerte):K 就 King,德语是König,即国王;Q是英语的Queen,而德语中用的是Dame（贵妇），所以德语纸牌上是缩写D；J是英语的Jack，而德语中用的是Bube（年轻人）或者Bauer（农夫），不管哪个，德语纸牌上的缩写都是B；A则是das Ass；另外大小王则是der Joker，读音需用英语。

数值和花色连在一起，就把它们变成一个组合词，例如Herzzehn, Pikzehn, Karozehn 和 Kreuzzehn。

需要指出的是，Bube（Bauer），Dame, König因为四个花色共有12张牌，分别代表了12个历史人物：

· Kreuzkönig: Alexander der Große（梅花 K：亚历山大大帝）

· Pikkönig: David（König von Israel）［黑桃 K：大卫（以色列国王）］

· Herzkönig: Karl der Große （红桃 K：查理曼大帝）

· Karokönig: Julius Caesar （方块 K：恺撒大帝）

· Kreuzdame: Argine, ein Anagramm aus regina （lat. Königin），dies oft für Maria （Mutter Jesu）［梅花 Q：拉丁语的 Regina（女王）字母重新组合变成 Argine，经常代表圣母玛利亚］

· Pikdame: Pallas Athene （griechische Göttin der Weisheit）［黑桃 Q：雅典娜（智慧女神）］

· Herzdame: Judith （biblisches Ideal der Frömmigkeit）［红桃 Q：朱迪斯（《圣经》人物，虔诚的象征）］

· Karodame: Rachel （biblische Figur als Ideal der

Schönheit）［方块 Q：拉结（《圣经》人物，美丽的象征）］

· Kreuzbube: Sir Lancelot, der Ritter aus der Artussage［梅花 J：兰斯洛特（亚瑟王圆桌武士中的第一勇士）］

· Pikbube: Hogier, ein Vetter Karls des Großen［黑桃 J：霍格尔（查理曼十二骑士之一，丹麦王子）］

· Herzbube: La Hire, ein Soldat an der Seite von Jeanne d'Arc［红桃 J：拉海尔（英法百年战争中的法国指挥官，与圣女贞德并肩作战）］

· Karobube: Hector de Trois oder Roland, ein Paladin Karls des Großen［方块 J 的说法有二，赫克托尔（特洛伊王子）或罗兰（查理曼十二骑士之一）］

最后，我们来看一张图：

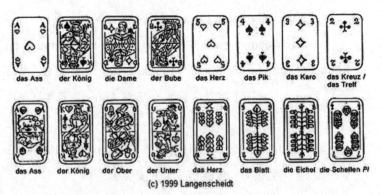

(c) 1999 Langenscheidt

上面是法式纸牌，而下面是德式纸牌，大家请注意区别。当然具体玩法也有差异，有兴趣的同学可以研究一下。

48. "友谊手链"是什么东西?

前几天，有个同学发邮件给我说:

> 最近在听一首德语歌时，被其中一个很细小很有趣的德国文化（细节）所吸引，不是歌曲部分，而是一件饰品。我先从网上各方面进行查证搜索，但结果寥寥，没有找到很详细的信息。然后，我询问了其他老师，证明此件物品确实是德国的一种手腕物件，并且背后有其赋予的文化代表，但仍未能了解到很细致的信息，而且这种物件在国内好像没有。

邮件里配了一张图片：

　　这是沃尔夫冈·佩特里（Wolfgang Petry），德国著名流行歌手。这位同学想问他手上戴着的到底是什么东西。

　　其实这个问题很容易解决：首先，你要知道每个搜索引擎都有搜索照片的功能，所以笔者先把照片里的物品部分剪裁了出来。

　　其次，你需要打开一个搜索引擎。点击图片部分，上传上述照片，然后结果就出来了。

　　搜索引擎首先判断说这应该是佩特里，但是在搜索结果中还是有几个照片很清晰地告诉你，这个东西叫das Freundschaftsband, die Freundschaftsbänder。然后你把这个词直接翻译成中文，叫"友谊手链"。

　　友谊手链，应该是源于印第安人的饰品。在20世纪80年代的危地马拉等地，在抗议印第安人玛雅文化的消失时，有人佩戴了类似的手链，后来渐渐在美国流行开来，之后也被带到了全世界。而在德国，佩特里就是以经常佩戴友谊手链而著称的。

友谊手链一般都是自制的手链，材料主要是绣花线或纺线，被认为是友谊的象征，有时用于各种表达政治诉求的集会。当然，它也完全可以就是一个装饰品，年轻人佩戴尤其多。可以有多种款式和花纹，颜色也有各种寓意：粉色代表友好，红色代表诚实，橙色代表活力，黄色代表愉悦，绿色代表责任，蓝色代表忠诚，黑色代表坚强，等等。

有兴趣的同学可以去网上自学编织技术。

49. 德国人的幸运物是什么?

全世界人民都喜欢幸运女神,于是产生了很多种关于幸运的迷信。人们经常相信,某些物品会给人带来好运,本文就来聊聊德国人的幸运物。

首先是马蹄铁(das Hufeisen),象征着力量,能够保佑家宅和动物平安,特别迷信的人还把马蹄铁开口朝上地挂在门口。

其次是瓢虫（der Marienkäfer），据说它是圣母的使者，所以名字里有Marien。它能带给人成功和金钱。

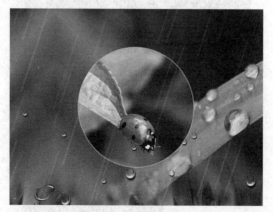

还有小猪（das Schwein），象征着富裕和丰收，能带给人成功与财富。

然后是四叶草（das Kleeblatt），能够阻挡一切邪恶。

最后是扫烟囱的人（der Schornsteinfeger），能够保家宅平安。

50. Straße与Pflaster有什么关系？

一般来说，我们会把德文的Straße翻译成中文的"街道"，但事实并非如此。

《说文解字》上说，"街"乃形声字，"从行，圭声，四通道也"。而"行"字原指的是十字路口，所以"街"多指的是城市的大道，两旁有房屋、商店的那种。因此在中文里，只有城镇里的道路才称为"街"，而连接各个城市或各个地区乃至各个省份之间的道路则一定不能用"街"，而只能用"道"或"路"。例如我们会说"高速公路""国道""省道""县道""村公路"等。

而反过来，德文的Straße来自拉丁文的"strata"，即gepflasterter Weg（石头铺就的路）。所以德语的Straße其实指的是路的铺设方式，而不是铺设地点。城市里面的当然叫Straße，而各个地区之间的也叫Straße。与中国的公路分级类似，我们的国道对应的就是Bundesstraße，我们的省道就是Landesstraße，县道就是Kreisstraße，而乡道则是Gemeindestraße等。

说到铺设方式，中国古代的道路基本都是夯土路。例如秦汉时期著名的国家公路"驰道"，《汉书》上的记载就是："为驰道于天下，东穷燕、齐，南极吴、楚，江湖之上，濒海之观毕至。道广五十步，三丈而树，厚筑其外，隐以金椎，树以青松。"从建筑方式来看，中国房屋、道路的基本方式就是土木建筑，所以直到今天我们还会听到一个专业叫做"土木工程"。这种方式的优点是速度快，但缺点是很难持久。所以，在中国几乎看不到两千多年前的道路。

古代欧洲道路则是石板路居多，用德语来说就是Pflasterbau（Pflaster这个词很多同学都学过，是覆盖伤口的膏药，后来也被引申出来表示覆盖路面的石板）。这种技术并非欧洲首创，古埃及和巴比伦的人早就已经采用。但是真正将这个技术发扬光大并取得突破性进展的是罗马人。罗马人大规模采用了石板路铺设技术，同时还率先注意到了路基的重要性，在铺设石板路面之前，会针对不同硬度的土地采用不同的路基建设方法。下页图就是一条罗马道路的构造图，里面分成了好几个层次。

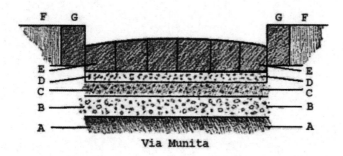

Via Munita

A就是最初的土地，须夯实；B是铺上拳头大小的石块；C是铺上一层水泥和黏土；D是铺上一层鹅卵石、碎石和黏土等；E是大石块铺设的最上层，而且为了防止雨水淤积，还特意设计成了微微的弧形；G是界石；而F则是人行道。不难看出，我们今天的马路与两千多年前的罗马道路是多么的相像。

这样建筑出来的东西，其持久力是可想而知的。所以两千多年后的我们仍然可以在欧洲很多地方看到这些道路的遗存。

五
|Fünf|

社会生活篇

51. 德国人为什么爱敲木头?

一个全世界都很普遍的迷信,也是我们日常生活的感觉:一件好事情,如果提前说出来,反而有可能就不会发生,甚至会变成坏事情;或者一件坏事情,即使没有发生,但是不小心说了出来之后,就很有可能发生。

对比德汉两种文化,我们发现了一个有趣的现象:在传统汉语世界里,我们似乎对于前者,即好事提前说出来会失败的问题不太关注,反而比较注意后者,即不要在日常生活中说一些不好的、不吉利的话。为了防止自己变成"乌鸦嘴",我们经常在不小心说出一些不吉利的话之后补一句:"呸呸呸,坏的不灵好的灵！"

而在德语世界，或者说在欧洲文化传统中，人们似乎对于不吉利的话不太敏感，反而比较在意前者，即"好事变坏事"。而为了预防这种情况，德国人或欧洲人发明出了一个做法，那就是 auf Holz klopfen（敲木头）。

比如说一个人说自己在流感季节一直都没事，一直都很健康，这个时候他会赶紧用指关节敲敲木头桌子，一般是敲三下。而且如果房间里都是塑料或者金属都不行，一定要找到一块木头才行。

一个人敲了木头，就可以保住好运气。据说这和木头十字架有关，触摸木头能够带来好运。也有人说这一做法来自采矿行业，工人进入木头撑起来的通道时会敲击木头，通过声音来判断是否安全。还有一种来自西方迷信传统的说法是，这一做法在与生活在我们周遭的那些有威胁的灵体交流，希望他们听到自己的敲击，然后就不会来坏事了。

其实英语和法语里也有类似的说法：touch wood或者toucher du bois。

52. 德国男人为什么坐着小便?

记得有一年笔者刚到德国,住在海德堡Plöck街上的Europahaus宿舍。里面算上笔者共四个人,有一对德国姐弟,还有一个加拿大的女生。第二天早上笔者上完厕所,洗漱完毕,就去厨房准备做点东西吃。结果德国姐弟中的弟弟过来找我:"Liang, ich habe eine Bitte, kannst du nicht sitzend pinkeln?"翻成中文,就是要求笔者以后上厕所要坐着小便。上述句子中的sitzend是第一分词,表示"坐着",而pinkeln则是口语中小便的意思。本文就来讲讲这个问题。

原来,在德国的宿舍或者出租房内,如果新来了一位男士的话，室友或房东都会专门提醒一句：请坐着小便。这算是德国生活的一条规则吧。究其原因，就是站着小便有两方面的问题：一个是要把握好方向，有的时候不注意就会尿到外面；另一个就水花容易飞溅，溅到外部。无论是上述哪种情况，都会给打扫浴室的人带来困扰。所以在德国很多人会要求男士在只有马桶的情况下尽可能坐着小便。更有医疗专家从医学的角度列举出坐着小便的种种好处，如比较符合人体生理特点和力学原理等，不一而足。

还有人因此提出了四个灵魂问题。

Frage #1: Ist im Sitzen pinkeln ungesund?（坐着小便不健康吗？）

答：年轻的时候其实无所谓，中年以上反而应该坐着小便比较健康。

Frage #2: Muss „Mann" nicht allein schon aus Tradition im Stehen pinkeln?（男性是不是传统来看就应该站着小便？）

答：其实不然，据说从古埃及人的记录来看，男士蹲着小便，而女士则是站着的。

Frage #3: Bin ich vor meinen Kumpels nicht unmännlich, wenn ich im Sitzen pinkle?（如果坐着小便，在小伙伴面前是不是显得不够man？）

答：如果你的小伙伴只是因为你坐着小便而觉得你不够man，那么你完全应该换个伙伴。

Frage #4: Also pinkeln echte Männer im Stehen oder eher im

Sitzen?（真的男人到底该如何小便，站着还是坐着？）

　　答：其实这个问题不重要。但是不管怎么样，坐着小便和男性尊严没有关系。

53. 德国堂兄妹可以结婚吗?

本文首先来介绍一下两个德语词,那就是Cousin和Cousine。

Cousin这个词是来自法语的外来词,所以它的发音比较特殊,是 [ku'zɛ̃:] 或 [ku'zɛŋ]。这个词表示堂兄弟或表兄弟,也就是说和你一个辈分但不是同一个父母的男性亲属,可以是你父亲这边的,也可以是你母亲那边的。

堂姐妹或表姐妹则叫Cousine。这个词的发音反而是正常的,就是 [ku'zi:nə],所以德语里面也可以写作Kusine。

当然,德语有一个特点,那就是德语经常还有一个本土词与相应的外来词配套。就像语言学,外来词叫Linguistik,

德语还有一个本土词表达同样的意思，类似于意译，那就是Sprachwissenschaft。同样，针对Cousin与Cousine，德语也有对应的本土词，男性的叫Vetter，女性的叫Base。当然，这两个词显得相对有点老旧。

讲到这里，我们就要来谈谈中西习俗的差异性。在欧洲人那里，无论来自父亲那边，还是母亲那边，亲戚的关系是一样的。所以无论祖父母还是外祖父母都是Großeltern；所有和父母同辈的男性都叫Onkel，女性都叫Tante。无论是来自父亲这边，还是母亲这边，两者基本上具有同样的效力。同样的道理当然也适用于Cousin与Cousine。

不过，德国人也对这两个词进行了细化，他们是从上溯到哪一代对这两个词进行了分级，分成了一级Cousin、二级Cousin等，具体请看下表：

Personen (probanden)	Elternteile	Letzte gemeinsame Vorfahren	Generation	Rechtlicher Verwandtschaftsgrad
eigene Geschwister	Eltern	Eltern	0	in zweiten Grad
Cousins (1. Grades)	Onkel oder Tante (1. Grades)	Großeltern	1	in vierten Grad
Cousins 2. Grades	Onkel oder Tante 2. Grades	Urgroßeltern	2	in sechsten Grad
Cousins 3. Grades	Onkel oder Tante 3. Grades	Ururgroßeltern	3	in achten Grad
Cousins n. Grades	Onkel oder Tante n. Grades	$\text{Ur}^{(n-1)}$großeltern	n	in $2 \times (n+1)$. Grad

而我们中国人特别重视亲属关系，尤其是父系的同宗同姓关系得到了最大的重视。所以在与父亲同辈的男性亲属中，只有父

亲的哥哥与弟弟有着不同的称呼，一个叫伯伯，一个叫叔叔，因为他们和父亲一个姓氏；而其他的男性亲属，无论是母亲那边的哥哥弟弟（都叫舅舅），还是父亲的姐妹的配偶（都叫姑父），或者母亲姐妹的配偶（都叫姨父），都没有因为年龄关系而具有两个不同的称呼。突出父系同宗同姓的重要性，是汉文化圈很重要的一个特征。所以我们针对和自己一辈的亲属，还需要继续根据这一标准区分，同宗同姓的Cousin叫堂兄弟，而其他都叫表兄弟（当然，姑姑这边的叫姑表亲，而舅舅阿姨这边的则是姨表亲）。

在中国，同宗同姓的堂兄妹之间是不可以通婚的：

> 中国从西周时代起，就确立了这一婚姻制度，出于伦理和生理两方面的考虑。如"同姓不婚，恶不殖也"（《国语·晋语四》），"男女同姓，其生不蕃"（《左传·僖公二十三年》），认为同姓通婚将影响种族的繁衍和后代的素质。①

古代违反这一规定者，轻则受到舆论谴责，重则受到法律惩处。所以，在古代中国，同姓同宗的婚姻是不被允许的，是禁忌，姑表亲和姨表亲则是允许通婚的。所以《红楼梦》里贾宝玉可以和林黛玉（姑姑的女儿）还有薛宝钗（姨妈的女儿）谈恋爱，但是和迎春或惜春则不可能。

---

① https://www.0551fangchan.com/2022-09-02/09476399.html，最后访问日期：2022年11月1日。

但是，如果从遗传学的角度来看，堂兄妹与表兄妹之间的亲缘成分关系或遗传物质继承关系比例应该是一样的，没有本质的不同。而且在欧洲，一个本来就不仔细区分父系或母系的地区就更不会重视这个问题。所以，在欧洲很多地方，堂兄妹之间都是可以通婚的。当然，在天主教的律条里，第一级的堂兄妹（Cousins des 1. Grades，拥有同一个祖父的）婚姻也是不太被允许的，但还是可以商量。例如最著名的西班牙波旁家族，就得到了教廷的祝福，所以发生了很多堂兄妹的婚配，甚至是舅舅与外甥女之间的婚姻。而笔者最早对这个问题产生疑问，则要追溯到老师中学时代阅读的巴尔扎克的《欧也妮·葛朗台》。里面欧也妮竟然和来自巴黎的她叔叔的儿子查理谈起了恋爱，这就让笔者第一次意识到了欧洲人的风俗是如此的不同。当然，有类似情节的小说、戏剧、影视作品应该有很多，大家也可以抽空找来列举一下。

回到德国，法律规定，所有等级的Cousin与Cousine的婚姻都是允许的。德国法律明确禁止的只有直系血亲（Blutverwandte gerader Linie）之间的通婚，即母与子、父与女、祖父母或外祖父母与孙子女或外孙子女之间是禁止的，同时兄弟姐妹之间，包括同父异母或同母异父的兄弟姐妹，乃至收养的兄弟姐妹之间都是禁止结婚的。而旁系血亲（Seitenlinie）的堂或表兄妹都是可以结婚的。

事实上，在全世界各种文化中，对父女、母子以及兄妹通婚都是禁忌的，但很多时候堂表亲通婚不在其列。

54. 德国最常见的姓氏是什么?

本文来谈谈德国最常见的姓氏（die häufigsten Familiennamen in Deutschland）。关于这一点，德国方面也有数据：

1. Müller, Berufsbezeichnung

2. Schmidt, Berufsbezeichnung

3. Schneider, Berufsbezeichnung

4. Fischer, Berufsbezeichnung

5. Weber, Berufsbezeichnung

6. Meyer, Standesbezeichnung

7. Wagner, Berufsbezeichnung

8. Becker, Berufsbezeichnung, Wohnstättenname

9. Schulz, Standesbezeichnung

10. Hoffmann, Berufsbezeichnung, Wohnstättenname[①]

这里面有些情况我们来说明一下：

（1）Berufsbezeichnung指的是职业，即德国相当一部分姓氏都是以职业为名。例如第一名米勒是磨坊主（负责研磨粮食），第二名施密特是铁匠，第三名施耐德是裁缝，第四名费舍尔是渔夫，第五名韦伯是织工，第七名瓦格纳是造车师傅，第八名贝克尔是面包师傅，第十名霍夫曼原意是佃户或仆人。这说明德国社会本身就是一个市民与乡土色彩浓郁的社会！

（2）Standesbezeichnung指的是社会地位或等级。第六名迈耶尔原指宫廷管家，而第九名舒尔茨则是指乡长或村长，都是中世纪替贵族管理土地和税收的管理人员。他们不能完全算职业，因为村长原本可能是渔夫，得到了贵族赏识才当上村长，之后万一不当了就还是渔夫。所以这个算半个职业称呼，准确来讲是社会等级。

（3）Wohnstättenname指的是以居住地点为姓氏，例如姓霍夫曼的人不一定是佃户或仆人，也可能只是住得离贵族宫廷比较近，以地理位置为姓氏。而贝克尔除了面包师傅之外，还可能是来自低地德语地区，当地人将小溪das Bach称为beke，所以贝克尔

---

① 前一百名情况请参考：https://de.wikipedia.org/wiki/Liste_der_h%C3%A4ufigsten_Familiennamen_in_Deutschland，最后访问日期：2022年11月1日。

还可能是住在小溪旁的人。

（4）各个姓氏的地区分布其实是不均衡的。例如米勒在南部就比较多，中部地区施密持比较多，在北方则迈耶尔比较多。

55. 德国中小学老师是公务员吗？

和中国类似，德国人民对于教师这个职业的想象也是稳定的职位、稳定的工资、固定的假期。调查显示，80%的德国师范类新生表示，选择该专业就是因为教师是个稳定的职业。更为关键的是，德国学生希望成为老师，主要是因为当老师有很大机会成为公务员（记住这个被动态：verbeamtet werden）。成为公务员就意味着，税后收入更高，基本上不会有失业的风险，还可以享受优惠的私人医保。

那么德国中小学教师到底是不是公务员呢？要回答这个问题，我们首先要了解一点，即德国的教育权力不在中央而在各个联邦州，所以中小学老师能否成为公务员是由各州自行决定的。那么很简单，财政充裕的州就有这个条件，而财政稍差的州一般就不给这个条件。例如柏林从2003年开始就做出决议，此后招聘的新教师一律都不能成为公务员；在萨克森州，原则上只有校领导层才是公务员；而在巴伐利亚州和北莱茵-威斯特法伦州，几乎所有的老师都是公务员。从整体来看，德国东部原民主德国各州一般面临财政压力，所以很少给出公务员职位。目前来看，德国大概四分之三的中小学教师是公务员。

那些不能成为公务员的老师就只能算是普通雇员。那么问题来了：作为雇员和公务员，老师的工资大概分别是多少呢？下图①每一个序列里的三个颜色的柱子分别表示小学、初中和高中老师的平均工资，而三个序列分别是新入职、入职15年和临退休前。

---

① https://www.spiegel.de/lebenundlernen/schule/beamtenstatus-und-gehalt-ob-es-sich-lohnt-lehrer-zu-werden-a-877467.html，最后访问日期：2022年11月1日。

一般公立学校新教师的工资大约为税前年薪45000欧元，15年之后大约会涨到55000欧元，临退休时大约是60000欧元。

而作为雇员和公务员的不同教师之间的工资差异也是比较明显的。以北威州刚入职的文理中学教师为例，27岁，无子女，作为雇员其工资是月薪税前3206欧元，税后2196欧元；而作为公务员要挣得更多，税前3314欧元，税后2620欧元。我们注意到，虽然双方税前工资相差不多，但从税后收入来看，明显公务员扣税更少，双方税后收入相差400多欧元。

而在他工作的第15年，41岁，已婚，有2个孩子，其收入大概是：作为雇员税前4599欧元，税后3330欧元；作为公务员税前4469欧元，税后3775欧元。我们发现，虽然税前来看，雇员老师要挣得更多，但扣税之后，还是公务员老师到手更多。难怪大家都想当公务员。

当然，作为雇员的老师有机会和学校或教育主管部门签订长期合同，也就没有了后顾之忧。但是，无论是作为雇员还是公务员，其上升的机会和空间是很小的。而且很多老师都感觉校长等管理职务的工作太过繁琐，要承担很多管理工作；与其繁重的管理工作相比，校长却并没有得到很高的工资。因此对于很多教师而言，管理职务并没有什么吸引力。

那么在德国当中小学老师是一种什么体验呢？与中国相比，德国毕竟人少，他们中小学一个班级的人数也就大约25人。其中小学平均每班21人，普通中学19.8人，实科中学26.1人，而文理中学则是26.6人。（在德国，小学是4年。中学分为三种类型：普通初中只上5年；实科中学上6年，课程偏向经济与技术类；文理中学上9年，只有这种中学形式允许其学生参加会考并进入大学。）教师的平均课时是大约每周25课时。

最后我们来看一下德国中小学教师的年龄结构：30岁以下占了6%，30至40岁占21%，40至50岁占25%，50至60岁占36%，而60岁以上则占12%。这个结构显示，德国教师结构已逐步迈入老龄化。

56. 德国人的Kaffeefahrt是怎么回事？

　　笔者一直搞不明白：明明知道那些路边开的保健品商店都是骗人的，里面卖的东西要么质量不好，要么价格奇高，怎么还是有那么多的老年人源源不断地涌进去？刚跑了一家店，又来了一家，大家还是乐此不疲。

　　究其原因，可能有三个：一个是对自身健康的担忧，老年人基本上身上都有一些慢性病，总是期待有某种灵丹妙药或不那么痛苦的方式来解决病痛；另一个是面对层出不穷的行骗手段，他们缺乏必要的警惕性和知识，而且上了年纪之后，头脑的反应相对较慢，给了别有用心的人可乘之机；最后一个当然是心灵的慰藉，老年人是很孤单和寂寞的，子女都成家立业不在身边，而那些店里的小伙和女孩都特别热情，一口一个爸妈叫得人心里暖暖的，而且还天天安排活动，很好地帮助你打发时间。所以这种现象才会屡禁不绝，而且现在在一些地方都成了正当的生意，堂而皇之地占据了很多的大街和小巷，游走在灰色地带。

无独有偶，德国其实也面临同样的问题，而且涉及对象也基本上都是Senioren（老人）。德国特色的不是保健店，而是Kaffeefahrt。同样是销售商品，他们抓住了德国老年人没事喜欢旅游的心理，将销售与旅行结合起来。（当然，国内现在很多保健品店也推出类似的服务。）和国内的购物游一样，它抓住消费者贪图便宜的心理，将整个行程的价格定得很低，然后还承诺送一些小礼品，以此来吸引老年顾客，然后把人拉到一个很偏远的旅店，让受过训练的售货员进行商品的售卖。由于他们一般都是短途旅游，承诺提供一份简餐或咖啡与点心，所以被称为Kaffeefahrt（咖啡游）；又因为做广告，也被称为Werbefahrt（广告游）。

当然，在这里，旅行是诱饵，贩售才是主题。所以在德国也常会出现2个小时参观游览、6个小时购物的情况（笔者个人的亲身经历：参加了一个去香港的团，导游把我们领进了一家店，然后门上锁，不待够2个小时不准走）。所以，一般和这个词联系的动词就是可分动词ab/zocken（诈骗）。这种东西至今依然层出不穷，德国方面也没有太好的办法。

57. 德国大学生一般需要多少生活费?

Lebenshaltungskosten für Studierende in Deutschland

Miete	332 Euro
Ernährung	154 Euro
Fahrtkosten	116 Euro
Gesundheit	96 Euro
Freizeit	65 Euro
Kleidung	48 Euro
Kommunikation	32 Euro
Lernmittel	24 Euro

867 Euro

Durchschnittliche monatliche Ausgaben Studierender in Deutschland

(Quelle: 21. Sozialerhebung des Deutschen Studentenwerks)

UNICUM

最近发现一张介绍德国大学生生活费的统计图①，我们一起来看一下。

首先是总费用，大约是每月867欧元。

然后是细目：

（1）房租：平均332欧元。当然，这个费用地区差异很大。一般说来，30平方米的屋子，在慕尼黑要635欧元，在莱比锡则只需262欧元。所以像慕尼黑这种地方，当然是申请学生宿舍更为划算，一般300多欧元，只不过因为太热门，所以需要运气和耐心。

（2）饮食：这是除房租之外第二大的支出。自己能做饭当然是最省的。中午吃食堂也还可以，据说全德国最便宜的是杜塞尔多夫大学，午餐均价大约1.5欧元；而最贵的是基尔（Kiel）大学，午餐均价约3.2欧元。

（3）交通：学生当然要买学期票，这个的价格也是不同地区之间有较大的差异。平均来看，一个学期163欧元；汉诺威最贵，一个学期243欧元，但是拿着它整个下萨克森州可以到处跑；基尔倒是便宜，只要57欧元，但只局限于市区。

（4）健康：德国同学平均保险和医药方面要每个月支出96欧元。

（5）休闲：一般德国同学每个月支出65欧元左右，用于健身、聚会、电影等。幸运的是大部分项目都有学生优惠价，包括去SPA，你都可以问问有没有打折。问问总没有坏处，万一真

---

① https://www.unicum.de/de/studentenleben/geld-finanzen/lebenshaltungskosten-studium，最后访问日期：2022年11月1日。

有呢。

（6）衣服：平均是48欧元，德国人真的不太讲究穿衣服。如果你想赶时髦，还想省钱，可以考虑跳蚤市场（Flohmärkte）、二手物品商店（Second-Hand-Läden）和交换派对（Tauschpartys）。

（7）通信：平均每月32欧元，可以多找找有没有针对大学生的优惠。2013年之后，德国有了一个广播电视费（Rundfunkbetrag），不管你家用电视、广播还是网络都要交这个费用，每个月17.5欧元左右，以住房为单位按季度收取。你如果住在合租房（WG）里，那就大家平摊。如果你有助学金（BAföG），可以免交这个费用。

（8）学习资料：平均每个月24欧元，但是也要看专业，牙医专业每个月大概要65欧元，而学数学的估计也就22欧元。

（9）其他费用：平均每个学期都要缴纳200—300欧元，当然，学期票其实是包括在里面的。

58. 瑞士到底有多贵?

去德国留学的同学基本上都听说过: 瑞士东西特别贵。那么真实情况到底如何呢? 我们就来看看这个问题。

首先, 瑞士的工资水平很高。瑞士的平均工资大约是每月税前6538瑞士法郎, 相比较之下, 德国平均工资3770欧元就显得少了很多。

在另一方面, 瑞士的税收与"五险一金"(Steuern und Sozialabgaben)相较德国反而更优惠。究其原因, 瑞士联邦、各州与各个乡镇都可以征收所得税。尤其各州与乡镇之间也存在着强烈的竞争关系, 以至于最近几年, 瑞士的税收不升反降，为的是吸引企业与富裕人群。不过因为各地政策不同，所以瑞士没有统一的税收计算方式。据经合组织一项调查显示，瑞士单身者平均要将其税前收入的17.4%用于缴税和交金。而如果是一对夫妇带两个孩子，所交费用大约是税前收入的10.9%。我们发现，德国的缴纳比例明显高出很多（单身者39.31%，四口之家31.08%）。

据说，这里计算的还只是个人缴纳的部分，如果再算上公司缴纳的部分，那么德国单身人士平均缴纳的比例可以高达49.4%，瑞士则只有22.3%。不过，在瑞士，医疗保险全部由个人自行承担，每个保险公司情况不一样，平均来看要支付300—400瑞士法郎。尤其需要注意的是：在签订保险合同的时候，一定要重点关注"自付"部分的条款（例如免赔额度等）。而德国医疗保险一般是雇主雇员一家一半，均为7.3%。

其次，瑞士的房租很贵，尤其是苏黎世、巴塞尔、伯尔尼或者日内瓦这种城市，基本上在世界上算是名列前茅。最近几年，移民瑞士的人数增多，房租上涨明显，而且房子供不应求，据说在苏黎世房屋空置率只有0.5%。所以，瑞士大城市的房租要比德国贵两倍。例如在苏黎世，一个110平左右的四居室，根据地段的不同（例如湖景房），大约在2500—4500瑞士法郎之间徘徊。巴塞尔要便宜点，大约每月2000—2500瑞士法郎。平均来看，一个人每月支付房租约1300瑞士法郎。但各州情况不同，楚格州（Zug）最贵，平均1740瑞士法郎，而汝拉州（Jura）最便宜，大约850瑞士法郎。

此外，其他例如水、电、煤、暖气的费用根据房屋和面积的不同，大约在每月100—300瑞士法郎之间。电话和上网费用每月60瑞士法郎。家政服务一小时至少30瑞士法郎。

如果不住在大城市，那就只能通勤上下班，要在路上花费不少的时间，那么交通费就要上扬。自驾汽油以及公共交通这方面的费用一般要达到每个月750瑞士法郎。

而在食物成本方面，瑞士平均比德国要高出20%—30%。另外，在瑞士，出去玩和下馆子也不便宜，电影平均25瑞士法郎一场，一份比萨大约14瑞士法郎起步，出去吃顿饭人均经常40瑞士法郎。

总结来看，瑞士生活成本确实比较高。去那里旅游的时候还是要注意节省。不过在那里工作赚钱还是不错的，因此很多人就住在德国，然后每天去瑞士上班。另外，据住在瑞士的国人说，他们经常周末集体去德国购物。总之，跨境生存是一个不错的选择。

59. 德国的父亲节是哪一天？

现在我们觉得父亲节和母亲节都源自美国，这是美国文化扩张的一个表征。其最早的日期大概可以追溯到1909年。

但其实，早在19世纪，德国人就已经有了自己的父亲节（Vatertag），那就是基督升天节（der Himmelfahrtstag, Himmelfahrt Christi），即复活节40天之后的那个周四，例如2022年是5月10日。

虽然这是个宗教节日，但很多德国男性，尤其是父亲们，会选择这一天给自己放假，远离妻子和孩子，带上大量酒水（Trinkgelage），聚在一起，一起远足或是狂欢。

因为这样一个风俗，所以在德国民间，人们就把这一天戏称为Vatertag，但其实已婚者或未婚者都可以过这个节日。所以在德国东部人们也把这一天叫做Herrentag，在萨克森或图林根人们也说Männertag。

　　这是一个男性的节日，参加者一般来自固定的小团体。大家聚在一起恣意狂欢，一路走一路喝，最后的目的地也是酒馆或客栈。由于酒精的刺激，这一天德国打架斗殴以及交通事故的数量也会明显增加。

60. 瓦尔普吉斯之夜是什么意思?

　　相传在德国，4月30日那天晚上，妖魔鬼怪们会飞往布洛克山（Blocksberg）。这个山名其实是德国民间传说中多座山峰的名字，最主要指的就是哈尔茨山的最高峰——著名的布罗肯山（Brocken）。这座山位于萨克森–安哈尔特州，海拔1142米。精灵魔怪与女巫们来到山顶参加派对，与魔鬼一起大肆狂欢。中国有个词特别适合形容这种情况，那就是"群魔乱舞"。

　　这个夜晚又被称为"瓦尔普吉斯之夜"（Walpurgisnacht）。这个名词来源于一位在5月1日被封圣的修女——瓦尔普加（Walpurga，710—779）。这个圣女来自英国，后来到德国传教，是位很著名的圣徒。

由于她的封圣纪念日是5月1日，民间为了方便记忆，就把之前的那天晚上称为瓦尔普吉斯之夜。但事实上，群魔聚会与圣女之间没有任何关联。德国人用一位圣徒的名字给这样一个夜晚命名，也许是想用这个名字来镇压那一夜的邪气吧。

在德国民间习俗里，在瓦尔普吉斯之夜里，要点上篝火（Maifeuer），以驱除恶灵。大家会聚在一起，举行各种庆祝活动。恋人们来回从篝火上跃过，一起唱歌跳舞。因为第二天就是五月份了，所以这一习俗又叫Tanz in den Mai（跳舞到五月）。

有兴趣的同学可以这一天到海德堡去，那里有德国最大的大学生聚会。在黑黢黢的夜里爬到山上去，突然发现那里有几千个人聚会，相信每个年轻人都不会轻易错过。

61. 一个分裂德意志民族的问题：
卷筒纸到底怎么挂？

　　谈到卷筒纸悬挂的问题，有相当数量的德国人会抱怨有人将卷筒纸悬挂的方向搞错了（die Klopapier falsch herum aufhängen）。对于讲究秩序的德国人而言，这是一个一点也不容马虎的问题：卷筒纸到底应该朝外悬挂还是朝内悬挂？

　　也就是说，悬挂卷筒纸的时候，我们可以伸手撕扯的尾段部分到底应该是朝向墙体放置，还是应该向外朝向用纸人。后者的优点很明显，我们可以一次性扯下很多张，方便快捷；而如果尾端贴近墙体，更便于定量取用，可以一张一张地拿，更利于节约。所以在德国，这是一个和中国豆花的"甜党与咸党"一样足以让整个民族陷入分裂的问题。更有好事者找到了卷筒纸的发明人塞斯·惠勒（Seth Wheeler）当年用来申请专利的文件，上面的图例显示，卷筒纸是朝外悬挂的。虽然发明人是这样构思的，但是关于这个问题的争论却依然在继续。

(No Model.)

S. WHEELER.
WRAPPING OR TOILET PAPER ROLL.

No. 459,516.　　　　　　　　　　Patented Sept. 15, 1891.

62. 中国和德国的交杯酒有什么不同？

交杯酒是传统婚俗之一，源于先秦。新郎新娘进入洞房后先各饮半杯，然后交换杯子一齐饮干，谓之饮交杯酒，在古代又称为"合卺（jǐn）"。

不难看出，中国的交杯酒其实本来是交换杯子，喝对方的酒，表示你中有我、我中有你之意。后世很多时候也不交换杯子，而是用彩绸把两个杯盏连在一起来表示交杯，夫妻双方其实并没有肢体上的交叉。

我们来看看德语中的交杯酒的说法：mit jmdm. Brüderschaft trinken（奥地利一带用Brüderschaft trinken）。所谓的Brüderschaft

就是Duzfreundschaft。如果两个熟人，原来用"您"（Sie）称呼，现在关系近了一层，准备用"你"（du）来相互称呼，这样的关系叫做Duzfreundschaft。这种关系比Bekanntschaft更近一步，但还没有完全到Freundschaft的程度，大致关系如下：

Bekanntschaft < Duzfreundschaft < Freundschaft

可以说，Duzfreundschaft象征着两人终于朝向Freundschaft发展的关键点，因此需要一个仪式来加以标志，那就是Brüderschaft trinken。在欧洲17世纪或18世纪，一个人看某人很顺眼，想和他交好，就会拿着酒杯走过去攀谈，然后向他祝酒，说："大哥，我先干为敬。"不好意思，串台了，他实际上说的是："如果这位先生不嫌弃我太幼稚或者太卑贱，我希望能和您成为好朋友。"他会喝光自己杯子里的酒，然后再用酒满上，递给对方。对方一般都会说："我非常乐意，让我们以上帝的名义干杯！"然后喝光杯子里的酒，这就表示两人从此同甘共苦、患难与共的意思。伴随着17世纪、18世纪教育的发展，青年大学生组织各种兄弟会，让这个风俗更加普及。之所以用Brüderschaft这个词，是因为那时候的社交生活以及大学生活都是男性的世界，因此用了"兄弟"一词。

所以，虽然最初中国的交杯酒与德国的交杯酒都是喝酒，但是形式与内涵还是有很大不同的。形式上中国是用两个杯子，而传统德国是用同一个杯子。内涵上，我们中国是喜结良缘，而德国则是拜把子，义结金兰。

到了后来，这种共饮同一个杯子的风俗很显然与德国市民阶层提倡的清洁卫生原则相违背，于是大家各拿一个杯子，用交叉双臂的形式来表示代表这个仪式。这也就是现代交杯酒的由来。一般是由两人之中的年长者提出缔结友谊请求；如果是跨性别的情况，则由女士来主动提出。然后双方各自介绍自己的姓名，个别还会亲吻脸颊。所以一个文化差异就是：在德国喝交杯酒与婚姻及性没有必然关系，请尽量不要被母语习俗所影响。当然，夫妇或男女朋友之间也同样可以使用。

不过由于现代女性意识的觉醒，很多女性觉得Brüderschaft一词太过男权。如果是两个女孩子义结金兰，那也可以说是Schwesterschaft trinken。

63. 20世纪德国人有哪些经典瞬间?

德国结束帝制、开始共和的时间要比中国晚,我们是1912年,而他们则要等到一战结束的1918年。算来,德国的共和国历史也有一百多年了。我们可以说,1918年之后的德国进入了一个新的历史阶段。在这充满了革新与变故的一百多年里,有一些瞬间是属于德国人的幸福时刻。

(1) 1918年11月9日,后来的魏玛共和国第一任总理谢德曼(Philipp Scheidemann)在德国议会帝国大厦的阳台上宣布成立德意志共和国。

(2) 1936年6月19日,德国唯一一位世界重量级拳王马克斯·施梅林（Max Schmeling）迎战后来称霸世界拳坛并25次成功卫冕的乔·路易斯（Joe Louis），在第12个回合击倒对手，成为德国人的骄傲。

（3）1949年5月24日零点，德国《基本法》（Grundgesetz）正式签署生效，战后德国终于成为主权国家。

（4）1954年7月4日，德国首夺足球世界杯冠军，史称"伯尔尼奇迹"（Wunder von Bern）。

（5）1955年9月13日，最后一批德国战俘（Kriegsheimkehrer）回国。

（6）1956年，德国工会联合会（Der Deutsche Gewerkschaftsbund，DGB）掀起了一周五天工作制的运动。其口号就是著名的"周六爸爸属于我"（Samstags gehört Vati mir）。

（7）1960年3月14日，联邦德国总理阿登纳在纽约与以色列总统戴维–本–古里安举行历史性会晤。

（8）1963年1月22日，联邦德国总理阿登纳与法国总统戴高乐签订了《爱丽舍条约》（Elysee-Vertrag）。法德和解，为战后欧洲的发展奠定了坚实的基础。

（9）1963年6月25日，美国总统肯尼迪在勃兰登堡门的柏林墙关口处发表关于自由的演说，其中最具激动人心的结束语就是"我是个柏林人"（Ich bin ein Berliner）。

（10）1963年11月7日14点25分，在德国北部下萨克森州小镇伊尔赛德（Ilsede）的一处名叫莱格德（Lengede）的铁矿山上，之前因为10月24日晚间发生的矿难而被困14天之久的11名矿工最终获救，重见天日。德国史称"莱格德的奇迹"（Wunder von Lengede）。有兴趣的同学可以找来同名的影片看看。

（11）1970年12月7日，联邦德国总理勃兰特在华沙犹太人隔离区起义纪念碑前下跪（Kniefall von Warschau），真心为自己的民族赎罪。

（12）1972年12月20日，海因里希·伯尔（Heinrich Böll）成为战后第一个获得诺贝尔文学奖的德国作家。当然，这个奖与之前德国的新东方政策似乎存在关联。

（13）1974年7月7日，慕尼黑奥林匹亚体育场，德国队在本土举办的足球世界杯比赛中再次夺冠。

（14）1984年9月22日，联邦德国总理科尔与法国总统密特朗在凡尔登战役纪念遗址会面。两人并肩携手的照片被认为是法德和解的标志，也为其后的欧洲一体化起到了非常积极的推动作用。

（15）1985年5月8日，联邦德国总统魏茨泽克（Richard von Weizsäcker）在二战欧战结束40周年之际，在议会发表具有历史意义的演说，第一次将欧洲胜利日称为"解放日"（Tag der Befreiung），在全世界引起了极大的反响。该演说被翻译成20种语言，第一版在德国就发行了200万份。

（16）1985年7月7日，年仅17岁的网球天才少年鲍里斯·贝克尔（Boris Becker）成为第一个获得温网冠军的德国人。1988年7月2日，时年19岁、与贝克尔并称德国网坛"金童玉女"的格拉芙（Steffi Graf）也在温网加冕。

语言文字篇

64. 中国的"夏至"和德国的"Sommeranfang"一样吗？

本文来讲讲关于夏至的一个中德差异问题。

在汉语世界里，24节气（24 Solarbegriffe）将全年分为四个季节，每个季节六个节气。其中表示各个季节开始的概念分别是立春、立夏、立秋和立冬。所以在冬奥会官方的翻译里，都是Beginning of Spring, Summer, Autumn and Winter。而在一些汉德翻译当中，你经常会看到Sommeranfang，Winteranfang等。

但是如果查阅德语词典里的Sommeranfang，我们就会发现这样的释义：

Anfang, Beginn des Sommers（zwischen 20. u. 23. Juni）
（夏天的开始 [6 月 20 至 23 日之间]）

不难看出，德语里的Sommeranfang其实指的是汉语里的夏至，因为德语里面对于春夏秋冬的划分与汉语世界是很不同的：

Jahreszeiten

Nordhalbkugel	Zeit	Südhalbkugel
Frühling	20./21.3.—21./22.6.	Herbst
Sommer	21./22.6.—22./23.9.	Winter
Herbst	22./23.9.—21./22.12.	Frühling
Winter	21./22.12.—20./21.3.	Sommer

© Bibliographisches Institut & F. A. Brockhaus AG, Mannheim, 2004, Sat_Wolf, Bayern

从这个百科全书的表可以看出，德国人的春天是从春分开始，夏天从夏至，秋天从秋分，而冬天则从冬至。所以虽然我们同处北半球，但由于纬度和历史的原因，双方对于四季的划分是很不一样的。

65. deutsch一词是怎么来的?

　　西罗马帝国覆灭之后,有一个日耳曼部落在其首领家族的统治下逐渐崛起,即墨洛温家族领导下的法兰克人。到了6世纪初的时候,墨洛温家族的克洛维建立了一个西至大西洋东至莱茵河的大型王国。这位统治者采取了另外一项活动,进一步促进了法兰克王国的统一:据说他在妻子的劝说下,率领朝臣接受了洗礼,皈依了基督教。与其他日耳曼部落不同的是,他们并没有信奉哥特人等部落信仰的阿里乌斯派,而是接受了罗马的天主教。

　　在当时日耳曼人建立的诸多王国中,最终只有法兰克王国存活了下去。在墨洛温家族统治了近400年后,另外一个家族逐渐获得了统治权，那就是卡洛林家族。在这个家族成员中，出现了一位更为伟大的君王——查理曼。他击败了剩余的日耳曼部落，并将他们并入法兰克王国。他在公元800年于罗马接受了教皇的加冕，被宣布为罗马人的皇帝（"恺撒"），成为罗马帝国的合法继承者。于是在那个时候，罗马帝国又重现了，只不过被分成了两半，东部的拜占庭帝国与西部的日耳曼帝国，而日耳曼帝国就是法兰克王国。

法兰克王国从一开始就是一个多语种并存的区域。西部被征服的高卢人与罗马人继续使用拉丁语，拉丁语还被用于书写证书和法令的官方文本。这种当地民众使用的拉丁语逐渐演变成为一种与古典拉丁语相去甚远的"通俗拉丁语"（Vulgärlatein）。法语正是在通俗拉丁语的基础上发展而来的。而整个法兰克的上层贵族则继续使用他们的日耳曼方言。他们在公元5—6世纪开始书写文字的时候，例如撰写相关部落法令的时候，采用的主要都是拉丁语。鉴于部分贵族不懂拉丁语的情况，他们会在法律文本上添加一些日耳曼文的注解，例如著名的《萨利克法典》（Lex Salica）中就有部分日耳曼语词汇得到保留。

这就造成了一种现象：拉丁语逐渐在法兰克王国获得了官方的地位，是宗教和社会管理使用的语言，是社会上层必须掌握的语言，而诸多日耳曼方言则成了中下层普通民众的语言。deutsch（德意志）一词最初就是"民众语言"的意思，即与官方拉丁语相区别的、所有法兰克王国内部使用的日耳曼部落语言。

最古老的证据来自公元786年。罗马教廷的使节向教皇报告说，在英国举行的一次宗教会议上，他让人宣读了部分决议，而且不仅用拉丁语，也用民间语言进行了宣读（tam latine quam theodisce）。这里的theodisce是deutsch一词的拉丁语翻译，因为它内部的元音组合eo是拉丁语中所没有的。当时英国民众说的语言是古英语，可见古英语当时属于deutsch的行列。而据法兰克的帝国编年史记载，两年后，即公元788年，巴伐利亚公爵塔西洛（Thassilo III）因为战场上的逃跑行为而被判处死刑（该记载的真实性待考），针对他的判决不仅用拉丁语，同时也用他的母语进行了宣读，以便他无论如何都能听懂对他的判决。原文为quod theodisca lingua harisliz dicitur，翻译过来就是：塔西洛的罪行按照民间语言的说法就是分裂军队。可见，deutsch也包含巴伐利亚语。

那个时候并没有所谓的"德意志人"，有的只是被称为deutsch的民间语言。在欧洲，德意志人是唯一一个根据其语言而被命名的人群，其他民族要么根据其所在国家命名（例如意大利人与意大利），要么按照其部落来源（例如英国人一词来源于"盎格鲁"）。德语本来在9世纪的时候有机会被称为frankiscon，即"法兰克人的语言"。但吊诡的是，这一称呼被法国人抢先占据了，虽然法语本身并非来源于日耳曼语，而是拉丁语或罗曼语。

事实上，这种日耳曼语与罗曼语的对立早在查理曼时期就已经出现了。在查理曼死后，其子虔诚者路易继承王位。在后者死后，整个帝国被三个儿子继承，并因此分裂为三个部分，即东、西、中三个法兰克王国。其中西法兰克王国（大致相当于今天的法国）的秃头查理与东法兰克王国（大致相当于今天的德国）的日耳曼人路易为了共同对付大哥洛泰尔，于842年在斯特拉斯堡结成军事同盟。两人当着双方将士的面，分别用对方军队的语言来宣誓结盟，以便对方的将士能够听得明白。东部的路易用的是在西部王国较为普遍的romana lingua，而西部的查理用的则是东部王国较为普遍的lingua teudisca。在这里，lingua teudisca指的就是德语，或者准确来说，是莱茵法兰克方言。

不难看出，"德语"或"德意志"一词的出现乃法兰克王国内部日耳曼人意识觉醒的产物。他们清楚地认识到，日耳曼人不仅有自己的语言，而且这种语言也和拉丁语一样具有同等的地位和价值。在这种情况下，德语也就成了某种身份认同的标志。但是，在这个时期，德语并不是一种统一的语言，而是诸多部落方言的统称。从时间上来说，从第一次音变到deutsch一词出现为止，这段时间是日耳曼语时期。而伴随着法兰克王国的崛起以及deutsch的出现，德语的时代就已经开启。关于具体的划分标准，目前学界的意见并不统一。有人认为可以从克洛维建立法兰克王国并征服其他日耳曼部落开始算起，即大约公元6世纪；而另一部分学者则坚持，应该以具体的文字证据说话，即以deutsch一词真正出现为依据，也就是公元8世纪中叶。

（本文部分内容出自笔者撰写的上海外语教育出版社2021年版《德语小史》。）

66. 关于高地德语和低地德语存在哪些误解？

笔者曾经提出这样一个问题：为什么德语明明是高地德语，但发音却是北方地区，例如下萨克森那里更标准？

大家的回答很踊跃，也很有趣。有的说和"民族大迁移"有关系，有的说是因为"北方的普鲁士统一了德国"，还有的说Hochdeutsch里面的hoch不是"高地"的意思，而是"标准高"的意思，即gehoben（文雅），也就是"标准语"。有人从地理角度解释：南方山脉连绵，各个地区交流多有不便，因此每个地方形成了独特的方言；北方地势平，交流多，则说话标准。还有人目测说这里的hoch指的是纬度高。也有人从心理学角度分析：因为南方人比较懒散，不愿意张大嘴巴，字正腔圆地说话。等等，不一而足。

本文就来仔细分析一下这个问题。在法兰克王国内部，所有日耳曼部落语言都可以被称为deutsch。而在他们当中，在定居于德国南部的日耳曼部落那里，他们的辅音系统发生了新的变化，这种变化被语言学学者们称为"第二次音变"（die Zweite Lautverschiebung）。他们的清塞音p, t, k因位置不同而发生变化：在词首或其他辅音的后面变成了双辅音的塞擦音（Affrikat），即pf, tz, kch；而在词中或词尾的元音后则变成了清摩擦音，即f, z（s），h。由于发生音变的部落都位于南部山区或丘陵地带，地势较高，故被称为"高地德语"（Hochdeutsch）；而没有发生音变的部落主要居住在北部低地平原，地势较低，故被称为"低地德语"（Niederdeutsch）。现代德语正是由高地德语发展而来。

当时的德语分布在三大区域：北部的低地德语、部分发生第二次音变的中部德语（Mitteldeutsch）以及音变较为彻底的南部德语（Oberdeutsch）。其中，伴随着汉莎同盟的衰落，低地德语的颓势已经不可避免。与此同时，低地德语缺乏上层必要的政治扶持，北部的贵族也从很早就倾向于使用高地德语。早在1427年和1504年，萨克森–安哈尔特地区以及柏林地区就已经开始向高地德语转变。虽然中部德语和南部德语之间也存在很多差异，但是它们之间的关系要远比低地德语来得更为亲近，从某种程度上来说，中部和南部德语都属于高地德语的范畴。因此，这两种方言群逐渐出现接近与统一的趋势。

从政治历史的角度来看，在中世纪的大部分时间里，德国南部与西南部，特别是法兰克人与施瓦本人（阿勒曼尼人）是德国政治生活的主导者。这也使得高地德语逐渐成为主流。但是到了中世纪末期，即14—15世纪前后，德国的东部地区，即传统上属于新开辟的垦殖地区，逐渐发挥越来越大的政治影响力。这里汇聚了来自德国各个地方的农民和市民，主要使用的方言就是中部和南部方言。一些重要的城市中心也相继建立，其中最早的当属布拉格。神圣罗马帝国皇帝查理四世在这里建立了欧洲最古老的一座大学，同时还在这里成立了一家文书处，由约翰·封·诺伊马克特（Johann von Neumarkt，1310—1380）负责领导。他受到意大利早期人本主义的影响，对于修辞学有着很高的造诣，因此对当时的包括拉丁语和德语在内的公文语言（die Kanzleisprache）进行了相关的改革与规范。他不仅仅强调语言的修饰性，而且还特别注重语法的准确性、书写的规范性等。因此在遥远的东部地区，在巴伐利亚方言的基础上，诞生了一种较为精致的书面德语。它以纽伦堡和雷根斯堡等地的文书处的用语为标准，然后发展成为整个帝国内部所有其他城市的标杆。但是遗憾的是，随着皇帝迁居维也纳，布拉格也逐渐失去了作用。

之后的政治中心因此转移到了巴伐利亚方言区的东南部，南德方言的影响力继续增大。马克西米利安皇帝及其辖下的文书处对于一种典范式的书写方式的形成做出了巨大的努力。到了15世纪，在德国南部，已经出现了一种包括出版业在内使用的超越方言层面的书写形式——"共同德语"（gemeines Deutsch）。但由于神圣罗马帝国内部权力结构的问题，维也纳发挥的影响力甚至没有布拉格那样大。反而是地方诸侯与城市里的文书处变得越来越重要。而最为重要的文书处（Kanzlei）出现在中部德国，即萨克森选帝侯所属的韦廷王朝（Wettiner）在迈森地区（Meißen）设立的文书处。在有着"智者"之称的选帝侯弗里德里希三世的统治下，该地区获得了很大的发展，工业与手工业蓬勃发展，城镇化进程不断加快，因此需要一个运作良好的文书处来进行协调管理。

在那些文书当中，有很多人是操持中部德语的图林根人，他们的同事则说的是东部新领地的方言。两者在工作时一直试图求得平衡，同时人们还一直寻求与南部的帝国文书处保持亲密的合作。就这样，在德国东部和东南部地区分别出现了一种典范式的德语书写方式：以德国中东部方言为基础的迈森-萨克森公文语言与以德国东南部方言为基础的皇帝公文语言。两种书面语言都跨越了自己的方言区域，得到了外界的认可。尽管它们之间还存在着差异，但在一些重要的方面正在相互接近。一种统一的书面语言的前景已经摆在了德国人的面前。就连西部的科隆地区，尽管人们口语说的是另外一种完全不同的方言，但他们在书面语方面依然遵循东部公文语言的规范。

除此之外，书籍印刷也对此起到了至关重要的作用。印厂遍布整个德语区。与文书处一样，印厂里的专家也在思考关于语言问题。如果印出来的东西主要满足本地需要，那么其使用的语言形式则偏重该地区方言。如果希望得到更好的销量，人们就会寻求某种平衡，尽量使用能够为外地读者群所接受的语言形式以及字体。这使得德语内部出现了书面用语的平衡与彼此接近。

虽然地方差异依然存在，我们可以将其称为"书面方言"，但书面方言在数量与差异性上相较口语方言都已经少了很多。据专家统计，当时大致有四种主要的公文语言以及八种印刷语言。因此很快在德国就形成了一种新的观点：人们不再追求用书面语记录口语，而是转而追求在口语中尽量使用书面的形式。不过，一种统一的德语在那时依然没有形成。但是人们已经认识到了语言统一的问题，而且也认识到了语言统一背后潜藏的民族统一的问题。所以从1474年起，神圣罗马帝国改名为德意志民族神圣罗马帝国，而在"共同德语"的称呼上也反映出民族要求统一的呼声。统一的民族语言意识的形成，在整个欧洲都是民族国家形成的强大动力。但是没有哪个国家在通向统一语言的道路上像德国这样艰难。一起偶然的事件最终帮助德国人取得了重大突破。那就是新教改革和路德《圣经》的翻译。

路德在翻译《圣经》时选择的语言是他所在的萨克森公国，同时也在整个德国较为普及的迈森公文语言。实际上，路德只是在书写时以该公文语言为准，从中获取了诸如词汇、语音和语法等自己所需要的东西。因为他本人在低地德语地区出生，又接受了高地德语的教育，所以他有着在低地德语和高地德语两方面的丰富经验。同时，作为一名优秀的学者，很多中古德语的宗教文学与神秘主义材料也对他产生了一定的影响。所以，其语言形式有着较强的杂糅特点，综合了中古德语、低地德语、高地德语、公文语言等多种成分，各类语法现象和词汇均在其作品中有所呈现。此外，他还非常重视翻译的明了。他广泛地吸收了高地与低地德语地区的民众生活语言，使得他的语言非常生动形象、通俗易懂。他创造性地制造了大量的复合词，让德语的含义表达更为紧凑和经济。为了更好地让民众看懂，他还使用了大量的比喻，并且采用了更为自由的语序和句法结构，同时又运用了非常多的修辞手段来保持语言的层次。因此可以说，路德的语言既有通俗的表达，也有匠心独运的修辞表达，真正做到了"雅俗共赏"。从15世纪开始，人们逐渐认识到了标点符号的重要性。在路德的语言形式中，他还利用标点符号来让自己的翻译表达更为清晰。

因此，我们可以负责任地说，德语走向统一的过程，实质上就是书写形式逐渐走向统一的过程。而由于书写形式以中部和南部方言为主，所以大家习惯于将其称为Hochdeutsch，但实际上其句法、词汇等内容并不单纯来源于南部地区，而是杂糅了德国所有的地区。

而在马丁·路德之后，中东部德语的迈森公文语言逐渐形成了越来越大的影响力，为德语的统一做出了极大的贡献。但是后世的语言协会和学者们因为来自各个地区，对于某些学者提出用萨克森–迈森语言来统一德语的建议不以为然，反而一再强调应该建立一种超越地区特色的共同书面语言。这也是德语发展的一个基本特点，即多中心发展，没有哪一个中心足够强大到彻底统一其他中心，因此德语书面语具有很强的杂糅特点。大家称其为Hochdeutsch一个是因为习惯，另一个也是因为hoch一词还可以理解为gehoben，更容易让人接受。

在书写逐渐得到统一的同时，德语发音的统一进程也在进行。但制定统一标准的发音规则要比书写规则难度大很多，德国在政治上的分裂现象也让德国口头语言难以统一。直到19世纪初，高地德语的发音依然五花八门。尽管萨克森方言在某种意义上代表了德语统一的方向，但是到了18世纪左右，人们逐渐发现，萨克森方言无法对书面语中的某些常用辅音进行明确的区分，因此遭到了大家的摒弃。而南部方言也有着同样的问题。反而在北部地区，由于高地德语很早就在这里扎根下来，并且彻底挤占了方言的空间，北部地区的人们从小在学校里就开始学习书面的高地德语。他们基本都是按照单词的字母书写来进行发音，这也使得北部德语区的人发音更干净，因此更有示范的价值。所以早在1780年左右，就已经有人将下萨克森地区的发音看作最美丽的德语发音。

出身低地德语区的日耳曼学教授特奥多尔·西布斯（Theodor Siebs，1862—1941）在1898年与专业人员一道出版了《德语舞台语音》（*Deutsche Bühnenaussprache*）一书，为德语标准发音的统一奠定了基础。这本书里面提出的很多发音都以北部德国的语音为基准。这本书确定了德语标准语音的基本规则：单词的书写以南部德语的书写形式为准，而发音则以北部德语的语音为准。他严格区分了浊辅音b, d, g和清辅音p, t, k，还有元音ö, ü, eu, e, i, ei等。不过，南部德语的一些语音规则也为其所吸收，例如位于词首的st和sp要读成scht和schp，而位于词尾的浊辅音要读成对应的清辅音等。所以，我们也不能说所有的北方发音都是标准的。例如在下萨克森，人们发Fluch这个单词，就会发的像是Pflug。

综上所述，所谓高地德语与低地德语的区分一开始其实主要是方言的差异。虽然我们今天认为，现代德语由高地德语发展而来，但它就像是河流的源头一样，只是人类出于研究方便而确定下来的人为定义。它的历史发展其实就像是大江大河，一路吸收了无数的水源和支流，所以，不能简单地说德语就是高地德语。现代德语是由低地德语、中东部德语和南部德语共同发展出来的共同语言。

67. 是谁用德语跟马说话?

在我们德语界,一直流传着一个说法,"说德语感觉像是马在说话"。被很多人引以为笑谈,今天我们就来说说这句话的背后故事。

据说这句话和一个人有关系,他就是神圣罗马帝国皇帝查理五世(1500—1558,德语是Karl V.,即卡尔五世)。他到底算不算德国人,一直都是一个疑问。从父亲那边来看,他是奥地利哈布斯堡王朝的一员,但他不是纯粹的奥地利血统,他母亲是西班牙人,西班牙也是他的帝国的核心。但他的母语却是法语,他本人是在"低地国家"(包括今天的比利时、卢森堡、荷兰)长大的。他除了法语之外，还精通拉丁语和东佛兰芒语，而相较之下，他对德语的掌握只局限于一些词汇。至于西班牙语，则是要等到他成年之后才花了很多力气学习的。

但是，作为西班牙国王，西班牙其实也是他权力的核心区域，所以他一直将西班牙语看作他王位的直接体现。他在罗马和教皇也不用拉丁语交流，而是用西班牙语。到了德意志境内，他也要求人们用西班牙语来欢迎他。这多多少少让一些德国人感觉到不太舒服。所以，有一次，查理五世的西班牙公使被派到波兰宫廷，在和德国同事闲聊时，他说：上帝将亚当夏娃驱赶出伊甸园时，一定用的是德语，因为德语是这样一种铿锵有力的语言。而德国人不知道出于什么考虑，说了这样一句话：没错，蛇引诱夏娃用的一定是西班牙语。

很快，这句话就在欧洲传开了。在罗马，有个意大利作者故意写了一出戏剧，在里面，上帝使用铿锵的德语，亚当使用人性化的意大利语，夏娃使用充满魅力的法语，而蛇使用的则是西班牙语。这个故事让当时的西班牙人很恼火，对此一直愤愤不平。于是，到了1600年左右，他们决定利用他们的伟大国王查理五世说事，给他杜撰出来了一个名言：

Hablo español con Dios, italiano con las mujeres,

francés con los hombres, y alemán a mi caballo.

（朕用西班牙语向天主祈祷，用意大利语对女士调情，

用法语和绅士寒暄，用德语调教朕的马匹。）

于是，慢慢地，这句贬低德语但对其他语言都还有一定敬意的话语在欧洲逐渐传播开来。三十年战争（1618—1648）后的德国乏善可陈，于是沦为了被嘲笑的对象。这句话用德语是这样的：

Spanisch spreche ich mit Gott, Italienisch mit Frauen, Französisch mit Männern und Deutsch mit meinem Pferd.

这就是这句话的由来。虽然它是杜撰的，但确实很流行。

68. 为什么Akkusativ被称为"第四格"?

　　在很多现代欧洲语言的教学语法中，格的排列都遵循着一种相对固定的顺序，即主格（Nominativ）、属格（Genitiv）、与格（Dativ）、宾格（Akkusativ）……由于这一顺序的存在，有的语言又习惯使用"第一格""第二格""第三格""第四格"等称呼。那么，这种格的排序是如何形成的呢？

　　现代欧洲语言的语法描写，可以追溯到古希腊人的《读写技艺》（τέχνηγραμματική）这本书，它也通常被视作"西方第一本语法书"。在这本书里，可以找到格的排序的明确记录，具体如下：

πτώσειςόνομάτωνεἰσὶπέντε·ὀρθή, γενική, δοτική, αἴτιατική, κλητική.

（名词有五种格：主格、属格、与格、宾格、呼格。）

古希腊语直接影响了古代罗马的拉丁语法体系，进而对于整个欧洲的语法术语和顺序都产生了至关重要的影响。西方人直到19世纪都以为，这种"主、属、与、宾、呼"的排序是神圣不可更改的。直到接触了印度的语言学传统后，他们才意识到，格的排列未必要遵从这个顺序，因为梵语语法中格的排序与拉丁语完全不同。因此有的语法书开始根据教学需要，使宾格紧随主格之后。而在各种现代语言的教材中，格的顺序也可能根据需要而调整。所以我们注意到，在德语教材中，通常把第四格放在第三格与第二格之前。

至于格的汉语译名，则是来自俄语教学中的术语。俄语有六个格。为了教学方便，当时的中国俄语教学者采用了简单的术语表达，直接按照数字进行排序，将Nominativ称为第一格，排在第二的Genitiv叫做第二格……而这一术语翻译也直接影响了德语教学，我们今天还在这样称呼格。

69. "变态"的德国人居然如此讲话?

在德语中，当某人要处理较为困难或者较为危险的事情时，德国人当然会祝愿他好运，但是德国人表达好运的说法比较奇葩，那就是Hals- und Beinbruch，即："祝你腿断脖子折！"

关于这个用法起源的说法有两种。一种是说，这是大家古老的迷信。人们认为有些东西一旦说出来就不灵了，因为这些祝福会招来恶灵，后者会让这些愿望朝相反方向发展。所以人们决定反其道而行，事先把坏的结果说出来，这样就会取得良好的效果。这颇有些"以毒攻毒"的味道，或者按照我们中国式的迷信说法就是，把坏事说破了也就没事了。

第二种说法是，有学者认为，这个用法当来自意第绪语的 hatslokhe un brokhe，而这一用法又来自希伯来语，有"成功与祝福"之意。而从前很多说意第绪语的犹太人都生活在德国，他们谈好一桩生意之后都会用这句话彼此祝福。在不懂意第绪语的德国人听来，这句话特别像Hals- und Beinbruch，他们觉得很有趣，于是就因袭过来，在德语中也表示祝福之意，实际上则是误听。就好像我们中国人听德语的再见tschüs，总会联想到go to hell是一样的。英语的break a leg很有可能就是从德语翻译过来的。

这句话成了表示祝愿的话，可以用于多种场合。你去滑雪，"祝你腿断脖子折"；你要登台演出，"祝你腿断脖子折"。而且群众的智慧是无穷的。有了这样的句型模板，德语在很多场合还创造出了不少二级类型的用法，例如在上飞机之前说Holm- und Rippenbruch（祝飞机的翼梁和翼肋全都折断），在上战场之前说Kopf- und Bauchschuss（祝头与肚子双双中弹），而在航海之前说Mast- und Schotbruch（祝桅杆和缆绳全断）。此等西土行径，实在让人无法理解。

70. 有趣且形象的德语器物有哪些?

本文讲几个德语中的器物。这些单词非常形象且有趣,也反映了德国人看待事物的一些角度似乎与我们中国人不大一样。

1. die Klobrille

Klo是马桶或厕所,而Brille则是眼镜,那么马桶上的眼镜是什么呢?

还是马桶。

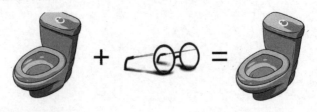

2. der Reißwolf

动词reißen是撕扯，而wolf是狼，那撕扯的狼是什么呢？
其实是碎纸机。

3. die Glühbirne

动词glühen是灼热，Birne是梨，灼烧的梨是什么呢？
是灯泡。

4. der Drahtesel

Draht是金属线或铁丝，Esel是驴，铁线驴是什么？
是俗语中的"自行车"。

71. 德国人有哪些关于"钱"的隐喻?

本文来谈点庸俗的,那就是das Geld(钱)。

Geld与动词gelten系出同源。在中古高地德语中,gelt原指付款、收入或价值等意思,后指铸造出来的钱币,现在则主要指纸币。

需要注意的是,Geld与Gold(金子)并不是同源词。Gold原意是"黄色的",与gelb是同源词。

德国人常说Geld regiert die Welt(金钱统治这个世界),其实不仅是世界,语言也或多或少被Geld所统治。一个明显的证据就是:在德语中,没有哪个名词能够像Geld这样拥有那么多的同义词或戏谑的说法。

金钱似乎在很多德国人看来与"燃料"类似，有了钱，也就有了"能量"。所以德语中还有很多燃料类的词汇可以表示钱。Kohle原意是煤炭，Koks原意焦炭，两个词都表示金钱。Pulver是火药，也可以表示金钱。烧出来的灰烬Asche也可以表示钱，颇有点汉语里"粪土"的意思。

从前德国使用的金钱当然都是金属钱币，而这种钱币会给人很多联想。

钱币像是一块块的小石子。Schotter 原意为鹅卵石，Kies原意为碎石、砂砾，它们可以表示一大笔钱。瑞士人则干脆就用Steine来表示。还有的人觉得像是一颗颗扁豆，所以也用Linsen来表示钱。

钱币声音上当当作响，于是德语就有了另两个金钱的说法Pinke（pinke）或者Pimperlinge。

有的钱币上有"老鹰"，于是大家也称钱为Piepen（小鸟）。此外，德国人经常将金钱比喻为其他的小动物。例如：Mäuse是老鼠，Kröten是蟾蜍，Mücken是蚊子，Eier是鸡蛋，Flöhe是跳蚤，Möpse是哈巴狗，它们都可以在口语中表示金钱（注意用复数）。

因为钱币是金属的，所以也可以被叫作Blech（金属片）。

有的因为钱币上印着女帝玛利亚·特蕾莎的头像，所以人们把钱叫作Marie。

德国人会认为有钱的一个有重要标志就是占有很多生产资

料。尤其是从前的手工业者，都会把手里使用的材料当作是钱。于是就有了用Heu（原义为草料）、Draht（原指手工业者使用的金属线）、Zwirn（原指手工业者使用的丝线）来指代钱的做法。

钱能够换来吃的，所以表示面包类的词汇也常可以代指钱。黑话里面的钱Bimbes，原意就是面包。另外一种关于Marie指代钱的说法是，在吉卜赛语中这个词原指面包。

以上这些单词都可以用来代指金钱。

72. 德语动词中有哪些动物隐喻?

在德语中，有很多动词都是直接从动物过来的，例如der Luchs是猞猁，而luchsen则表示非常机警地注视着或张望。本文就来讲讲这个问题。

前几天，有读者留言给笔者，说他在德语中发现了一个很有趣的现象：der Hamster本来是仓鼠的意思，而这个词首字母小写并变成动词hamstern，就有囤货的意思。他觉得这种直接将动物名词变为动词的用法很形象，也很新奇，就想请笔者谈谈这个现象。

这首先当然要归因于德国人的民族特性，他们特别喜欢从动物角度来观察人，而且经常把人和动物等同起来。这一点尤其体现在德国人对于爱人的昵称上，他们的爱称里面使用动物的频率是全世界最高的。当然，虽然德国人在这方面表现突出，但从本质上来说，从动物角度来观察人或者来比喻人的行为的这种方式，是我们所有人类共有的。著名语言学家莱考夫和约翰逊在其名著《我们赖以生存的隐喻》中宣称，隐喻不仅是语言的修辞问题，从本质上来说，隐喻是人类思维的重要手段，它直接参与人类的认知过程，是人类生存的基本方式。通俗来讲就是说，隐喻是我们人类的一种基础性的思维方式，我们思考这个世界的一个基本方向就是在两套概念之间通过隐喻建立一种对应关系。例如我们说"时间很长"，其实"长"本来是一个空间概念，但是被我们用来比喻时间概念，这样时间和空间之间就因为隐喻而构建起了对应关系，作者将其称为"概念隐喻"。

这种概念隐喻是所有人类共同的思维特性。人类经常与动物打交道，自然而然地将动物这一领域的概念与人类的其他生活联系在一起，因此也就诞生了"动物隐喻"（Tiermetapher）。把动物名词直接转变为动词，当然也是"动物隐喻"的一个很重要表现。

那位读者之所以感觉新奇，是因为汉语里虽然也有很多动物隐喻，但偏于形容词或描述性质的比较多，很少有描述行为的。例如我们说："你是猪啊！"这里指的当然指的是对方比较能吃、比较懒惰、比较肮脏或比较蠢笨。所以汉语中有动物类名词用作形容词，但是似乎很难用作动词。

而这种动词性的动物隐喻在德语中却不少，我们今天就来总结一下。

（1）从外形上比喻：der Aal是鳗鱼，动词sich aalen表示像鳗鱼一样伸开四肢懒懒散散地躺着；die Schlange是蛇，动词sich schlängeln则表示（小路或河流）蜿蜒、逶迤，或者（在人群里或物品间）轻捷灵活地穿行。

（2）从声音上比喻：die Krähe是乌鸦，动词krähen则要么表示（公鸡）啼叫，要么比喻高声地叫喊或歌唱，小宝宝因为兴奋高声尖叫就是das Baby kräht。

（3）从动物的行为方面比喻：der Tiger是老虎，tigern则表示（朝向某目标）长距离奔行；der Dachs是獾，dachsen在地区方言中则表示睡得很熟的意思；der Mops是哈巴狗，动词mopsen则表示小偷小摸；同样表示小偷小摸的还有老鼠，那就是mausen；die Spinne是蜘蛛，spinnen指的是胡编乱造。本文开始提到的der Luchs和luchsen就属于这个类型。

（4）赋予动物一定的象征含义，从这个象征意义演变出相关的动词：例如牛在中国有苦干的象征意义，德语中der Büffel（野牛）和der Ochse（阉公牛）也是闷头苦干的代表，因此引申出来的动词büffeln和ochsen都表示拼命苦读、用功读书（题外话：der Stier是公牛，动词stieren就是瞪着一双牛眼盯着的意思；das Rind是牛，rindern指的是牛发情）；der Bock是公羊，bocken则表示小孩子犯倔，固执地发脾气（汉语经常用"倔驴"）。

（5）部分动物变成的动词，有激怒、戏耍的意思：der

Affe是猴子，动词äffen就是戏耍的意思（汉语也常说"把人当猴耍"）；der Fuchs是狐狸，fuchsen则是激怒对方的意思。

（6）还有一些动物直接用作动词，表示分娩幼兽的意思：例如kalben就是生小牛，wölfen就是（狼或狗）下崽子，schweinen与ferkeln则是生小猪等。由此引申或与此相关，部分隐喻动词还有表示性交的意思，例如vogeln等。

（7）动词fischen与lausen则不是隐喻，而是表示抓鱼和抓虱子的意思，类似于汉语名词的使动用法。

73. 德国人是怎么看待Mensch与Natur的?

在开始之前，先跟大家讲讲笔者的一个基本学术观点。在笔者编写的教材《德语语言学》里面有这样一段话：

> 国际音标字母表告诉了我们，这个世界上一共有多少种语音。但是，我们在一个语言中发出的一些声音，有的时候对于另外一个语言完全没有意义。例如汉语标准语中就根本没有德语中的小舌音［R］的存在。在大多数情况下，我们不需要去知道，这个世界上到底有多少种语音。我们更关心的问题是，在我们的母语中，或是在我们所学习的那门外语中，到底存在有多少种语音。打个不太恰当的比喻，国际音标字

母更像是全球通史研究，而我们更关心的其实是国别史研究。而这种只关注一种语言之内的语音系统及其规律性的研究，我们把它称之为"音位学"（Phonologie）。[①]

而这段话也是笔者研究德国文化的一个基本出发点：世界上各种文化的元素千差万别，就像我们人类发出的各种语音一样，但是对于每一个文化而言，都有某些对于该文化特别有意义的一些要素，而这些要素对于另外一个文化也许并不重要，甚至根本就没有人注意到。利用结构主义的这种观点，我们就是要研究出哪些要素对于一个文化具有特别的意义，从而达到作为一个局外人重构某一外国文化内部的系统的目的。而这也是笔者在研究德语文化时特别注重的一个地方。

在我看来，西方文化包括德国文化的一个很重要的方面就是人与自然的差异问题。我们老说西方文化将人与自然对立起来，其实说的就是西方文化的一个关键性要素，即人与自然的分野。

虽然荀子早就说过，"天行有常，不为尧存，不为桀亡"，但事实上，在我们中国文化系统中起关键作用的却并不是上述观点，而是所谓的"天人合一论"，主张"天人相通，天人相类"，主张人与天是一种水乳交融的类似神秘主义的关系。

如果说中国文化比较关注人与天的统一的话，那么西方文化则不同，他们很早就意识到人与自然的对立问题。在这里，我们首先要明确一点，我们所说的"天"与他们所说的"Natur"是不

---

① 梁锡江编著：《德语语言学》，吉林大学出版社，2016年，第32页。

大一样的。Natur来源于拉丁文natura，即出生（Geburt）的意思，有点类似于我们中文的"天生的，天生天养的"。西方人对于Natur的理解看一下德语字典就知道了：

> alles, was an organischen und anorganischen Erscheinungen ohne Zutun des Menschen existiert oder sich entwickelt[①]

他们将自然看作身外的世界，是生命的基础和食物的赐予者，但同时也是陌生的、充满敌意的甚至毁灭性的力量。直到17世纪为止，以亚里士多德的《物理学》（*Physik*）为代表的西方思想界对于自然的定义都是独立于人类世界的存在，"物理学"一词的原义其实就是"自然论"（Naturlehre）。

不过，亚氏也提出了我们人类面对自然的一个基本态度，那就是所谓的"技艺摹仿自然"（Ars imitatur naturam: die Kunst ahmt die Natur nach）。很多文艺爱好者对于这句话耳熟能详，但事实上亚氏在其《物理学》里面是这样说的："一般地说，技术活动一是完成自然所不能实现的东西，另一是摹仿自然。"

亚里士多德里面所讲的当然是不仅限于文学艺术，而是指人类的一切活动都是Technik，不是Natur。人类技术活动不仅是摹仿大自然，同时也是完成自然所做不到的东西，或者说自然中所没有的东西。这也是西方人对于Technik的实质理解。同时也引申出了Natur与Kunst的对立，所以我们才会有natürlich与künstlich的区别。而人所创造出的一切就构成了Kultur，也是与Natur相对的

---

① https://www.duden.de/rechtschreibung/Natur，最后访问日期：2022年11月1日。

概念。所以，在德国人那里，一提到Mensch与Natur，一定会想到Kultur, Technik与Kunst这三者与Natur的对立问题。这也是我们了解德国文化的一个重要切入点，即德国人是如何处理这四者之间的关系的。

例如著名的哲学家康德，在他看来，人要认识自然是不可能的。人先天就受到时空的限制，必须通过时空来认识世界，所以他看到的不是Wirklichkeit，而是Erscheinung。那个永远不能为人所知的是das Ding an sich，而我们看到的都是das Ding für mich。请看他在《纯粹理性批判》里说的话吧：

> Daß Raum und Zeit nur Formen der sinnlichen Anschauung, also nur Bedingungen der Existenz der Dinge als Erscheinungen sind, daß wir ferner keine Verstandesbegriffe, mithin auch gar keine Elemente zur Erkenntnis der Dinge haben, als so fern diesen Begriffen korrespondierende Anschauung gegeben werden kann, folglich wir von keinem Gegenstande als Dinge an sich selbst, sondern nur so fern es Objekt der sinnlichen Anschauung ist, d.i. als Erscheinung, Erkenntnis haben können, wird im analytischen Teile der Kritik bewiesen; woraus denn freilich die Einschränkung aller nur möglichen spekulativen Erkenntnis der Vernunft auf bloße Gegenstände der Erfahrung folgt. Gleichwohl wird, welches wohl gemerkt werden muß, doch dabei immer vorbehalten, daß wir eben dieselben Gegenstände auch als Dinge an sich selbst, wenn gleich nicht erkennen, doch wenigstens müssen denken können.

74. 德国人称呼上帝时用Sie还是du?

我们都知道，在德语中Sie和du是用来称呼亲近程度不同的人的。关系亲近的用du，而关系较为疏远的或陌生人之间通常用Sie。那么问题来了，德语里面人们称呼上帝用哪个词呢？

在基督教看来，上帝是人最亲近的依靠，这种依靠比人在世界上的一切关系都要亲近，甚至比血缘关系还要亲近。最著名的例子就是《圣经》中亚伯拉罕杀子献祭的故事。以撒是亚伯拉罕的独子，按常理对亚伯拉罕而言应该是世界上最重要的、最爱的东西。但是与上帝相比，这些都是次要的，为了上帝，其他一切皆可抛开。在他们看来人与上帝的关系是最亲近的，所以一定要用du。

对于我们这样一个素以血亲和"孝"为最高价值的民族而言，这一切确实有些不可思议。对于我们来说，与我们最亲近的人就是我们的父母，推而广之就是我们的家族。

要看谁才是你最亲近的人，那么就看在危难时刻、紧急关头你呼喊谁的名字。德国人一定会说："Mein Gott！"而我们中国人一定会说："我的妈呀！"

比较有趣的是，在安徽淮南当地方言里，要表达类似的呼告时，他们不说"我的妈呀"，而是说："我的孩来！"据笔者观察，淮南人对孩子确实很宠。姑且一说，供好事者查之。

75. 尊称Sie有哪些秘密？

本文来讲一个德国人可能比较普遍知晓，但是外国学习者其实不大明了的秘密，那就是Sie这个词的由来。

我们在学习动词变位的时候都知道，在德语的人称与动词之间对应关系上，我们总是将习惯性地将第三人称复数sie与尊称Sie放在一起，认为两者的变位形式永远是相同的，但是其背后的原因是什么呢？

原来，尊称Sie就是从复数第三人称sie变过来的，即将sie首字母大写就得到了我们今天普遍使用的Sie。而这就涉及德语中所谓的"敬称"（Höflichkeitsanrede）的历史演变问题。

在古希伯来语的语法中，为了突出强调某人或某物的伟大或重要性，经常使用复数形式（意思就是这个人或物比某个单数的人或物要厉害很多，所以使用复数）。在希伯来语《圣经》中，常用复数名词如埃洛希姆、伊勒沙代等来称呼上帝。而这一用法被后来的基督教所吸收，还专门发明了一个术语来描述这个问题，即Pluralis Majestatis，汉语称为"尊严复数"。

在古代欧洲，社会地位较高的人，例如王侯或教宗等，都会在正式文件中使用复数形式称呼自己。也就是说不用ich，而用wir（就好比汉语中用"朕""孤"等）。这时这个单词还要首字母大写，即Wir。例如：

Wir, Kaiser von Österreich（朕，奥地利皇帝）

既然君王自称Wir，那么臣属在面对他的时候就要使用复数的第二人称与之交流，这时也还要首字母大写，即Ihr。而且不仅如此，还要使用各种"大词"来表达自己的尊敬，这时一般使用相应的物主冠词Euer（注意：也要首字母大写）。

一般来说，面对不同的大人物，要使用不同的"大词"：

皇帝和国王	Euer/Eure Majestät（注意：这时 Euer 或 Eure 两种形式均可）
王子和公爵	Eure ［kaiserliche/königliche］Hoheit
侯爵	Euer/Eure Durchlaucht
伯爵	Euer/Eure Erlaucht
教宗	Eure Heiligkeit
大主教	Euer/Eure Eminenz
主教	Euer/Eure Exzellenz

对话的时候，还要注意一点：动词一般使用复数。例如：

Haben Euer Majestät gut geruht?

而大人物面对下属，则常会使用第三人称单数er与sie来称呼，这时也要大写成Er或Sie。下属之间用第三人称单数来相互称呼，贵族对市民阶层经常也这么称呼。在某种意义上，将第三人称用作第二人称的做法也就成了市民阶层的属性。既然大人物将第一人称和第二人称复数占了，那么市民阶层就用第三人称复数来彼此称呼表示尊敬了，于是就有了我们今天看到的Sie。而随着19世纪市民阶层的崛起与王朝贵族的式微，Sie这个词得到了贯彻，原本的第二人称复数Ihr则失去了意义。

这就是Sie这个词的由来。

76. 怎么一眼看出犹太人的姓氏?

　　前几天，有读者留言问怎么分辨德语中哪些名字属于犹太人，本文就来讲讲这个问题。

　　首先，属于闪米特民族的犹太人跟阿拉伯人差不多，最开始没有所谓的姓氏（Familienname），而是采用"本名·父名·祖父名"的形式，在本名与父名之间加一个"本"，表示"某人之子"的意思。最出名的例子就是本·拉登，其实他的全名是奥沙马·本·穆罕默德·本·阿瓦德·本·拉登，也就是说他的名字叫奥沙马，他父亲是穆罕默德，他祖父是阿瓦德，而其曾祖父是拉登。所以拉登并不是他的姓氏，他们也没有所谓的姓氏。雅各的名字就是Jakob ben Isaak（以撒的儿子雅各）。

这是犹太人最初的情况。但是到了18世纪晚期，奥匈帝国等地开始逐渐推行法令，要求犹太人必须拥有一个永久性的家族姓氏。于是，犹太人开始了给自己起确定姓氏的历史进程。

有些人固守传统，就以自己的父名或母名为姓氏，但是原来的"本"不能用了，就改用后缀的形式：-i, -s, -son, -ski, -witsch。以上后缀在相关欧洲语言中其实都可以表示"某人之子"的意思。例如犹太人的祖先是亚伯拉罕（Abraham），那么就可以将自己姓氏改为Abrahamowitsch或Brahms。著名的犹太哲人门德尔松（Mendelssohn）的姓氏也是同样的原理。

还有的人逐渐本土化，使用听起来像是德语的姓氏，或者从德语中挑选一些好词组成一个吉祥的姓氏。这里面有几种情况：使用常见的动物名称，例如Adler, Löw, Wolf, Hirsch等；使用宝石的名称，例如Rubin等；使用表示丰收或富饶的吉祥姓氏，这种名字通常以-stein（石）、-mann（人）、-berg（山）、-baum（树）、-thal（山谷）等为结尾，例如Weinberg, Goldberg, Blumenthal, Rosenthal, Silbermann，Liebermann, Süsskind, Freud等。

本土的德国人其实多以职业为姓，由于犹太人在从前的欧洲不被允许从事太多职业，所以犹太人以职业为姓氏的特别少。最常见的Kohen或Cohen其实来自希伯来语，是"祭司"的意思；Katz不是猫，而是希伯来语的近似音，意思是"公正的祭司"。

有些人则以出生地或籍贯为形式，例如Berlin（柏林）、

Dreyfus（来自特里尔）、Pollock（来自波兰）等。

由于当时的部分犹太人不愿意配合改姓工作，民政局官员很恼火，或者是有人没有贿赂官员，惹怒了一些不良官员。他们就会故意弄一些特别恶心人的名词给那些"不服管教"或是"不上道"的犹太人当姓氏，例如Eselskopf（驴脑袋）、Fresser（饭桶）、Maulwurf（鼹鼠）、Ochsenschwanz（阉牛的尾巴）、Saumagen（猪肚儿）、Stinker（臭人）等。

77. Schwäche背后蕴含着什么样的人生思考?

在进入主题之前，我们先要讲一讲德语中形容词转变为名词的一种构词法。

在德文中，有一类表示度量或性质变化的形容词，例如高低（hoch und tief）、冷热（kalt und warm）、大小（groß und klein）、厚薄（dick und dünn）、宽窄（breit und eng）、强弱（stark und schwach）、长短（lang und kurz）、左右（link und recht）、粗细（dick und dünn）、甜（süß）、辣（scharf）、酸（sauer）等。这一类的形容词如果要转变为名词，只需要将首字母大写，然后加上词尾-e即可，当然个别元音还要加上两个点变音。这种名词都是阴性名词，例如：die Höhe, die Tiefe, die Kälte, die Wärme, die Größe, die Dicke, die Dünne, die Breite, die Enge, die Länge, die Kürze, die Stärke, die Schwäche, die Linke, die Rechte, die Süße, die Schärfe, die Säure。

我们注意到，die Schwäche一词是从表示微弱、虚弱、软弱的形容词schwach派生出来的。所以die Schwäche这个词可以表示虚弱，例如：

Der Kranke konnte vor Schwäche fast nichts essen.

（病人因为身体虚弱，几乎什么东西都吃不下。）

当然，它很多时候也都表示弱点或错误，例如：

Seine Schwächen in Chemie und Physik konnte er durch intensives Lernen ausgleichen.

（他刻苦学习，终于弥补了自己在物理和化学上的弱势。）

但是很有意思的一点是，德文中还有一个固定用法eine Schwäche für jn./etwas haben（请注意这里只能用单数），表示的是对于某人或某物有偏好或嗜好。例如她嗜吃甜食，那就是Sie hat eine Schwäche für Süßigkeiten。看到这个含义，我们突然明白了一条人生道理：一个人的嗜好很多时候就是他的弱点。

从正面来说，你要想赢得一个人的好感，那么当然要投其所好；而从反面讲，你要利用某个人达到目的，当然也要投其所好，诱其上钩。这个词反映了德国人民对于人性的深刻思考。这不由地让笔者想起了巴尔扎克的名著《搅水女人》最后一章里的一段很深刻的话：

> 要断送一个人，只消叫他染上一样嗜好。雨果说过：她太喜欢跳舞了，就为着跳舞送命！……我祖母喜欢赌彩票，菲利浦就用彩票害死她！鲁杰老头喜欢淫乐，性命就送在洛洛特手里！可怜的勃里杜太太喜欢菲利浦，就为着菲利浦气死！……唉！嗜好！嗜好！什么叫做嗜好，你们知道没有？嗜好就是催命鬼！①

---

① 巴尔扎克：《搅水女人》，傅雷译，人民文学出版社，1962年，第248页。

78. "苏菲"和"哲学"有什么关系?

　　有一本讲述哲学史的长篇小说很畅销, 书名就是《苏菲的世界》。我们翻译外国人名, 采用的通常都是音译法, 这种方法的好处当然是保持原文的异国情调而且指向明确, 缺点是让中国读者无从了解其背后的含义。事实上, 西方的人名与中文的人名一样, 都有一定的含义在里面。尤其是小说家在作品里起名字, 一定都是遵循理性的原则, 有自己的讲究和逻辑。《红楼梦》中的各种谐音名字, 例如"贾雨村"与"甄士隐"都有作者力图表达的思想在里头。同样的道理, 西方小说家起名字也不是随便乱起, 一定有其内在的目的性, 苏菲这个名字就是一个典型的例子。一本讲述哲学史的小说，主人公名字的挪威语原文是Sofie。这个名字乃是西方语言中普遍存在的女名，只不过在不同语言中有不同的变体，例如德语中可以叫Sophia, Sofia, Sophie, Sofie，英语里面则是Sophia, Sophie, Sophy等。这些变体均来源于古希腊文的Σοφία，其原意就是"智慧"。所以，一本讲述哲学史的小说，其主人公叫"智慧"是非常符合逻辑的。这也是西方文化世界里的常识，但这一点却常常会被我们这些非西方文化者所忽视，或者被翻译所局限。

Sophie是智慧的意思，那我们就要问问什么是Philosophie。这个词同样来源于希腊文φιλοσοφία，换成拉丁字母就是philosophía，字面意思也就是爱智慧（Liebe zur Weisheit）。值得注意的是，这个前缀philo-同样存在于德文的书面语中，表示的就是"热爱、喜爱，爱好"的意思。这个词缀有两种形式，一种是作为前缀出现，即phil-或philo-（如果后接的部分是以元音或h开头，那么就用phil-，否则用philo-）。常见的例子有：Philanthrop，anthrop是人的意思，爱人的人当然是仁爱者或慈善家；Philologie，我们常常翻译为语文学，但从字面上的意思来看，logie来源于希腊的logos，也就是言说的意思，所以语文学就是爱言辞；如果有一群人喜好音乐，那就是Philharmoniker，国内译作"爱乐乐团"，当然是精准的意译法。

而另一种用法是-phil作为后缀出现，表示非常喜欢某个东西或某个民族。例如喜欢英国就是anglophil，喜欢法国就是frankophil，喜欢德国就是germanophil，喜欢看书就是bibliophil。

79. 什么是"克里斯玛"？

本文介绍一个单词：das Charisma（die Charismen oder Charismata），即"克里斯玛"。

古希腊神话中，爱神阿佛洛狄忒有三个侍从女神，号称"美惠三女神"（Χάριτες，拉丁语转写为Charites，中文也叫"卡里忒斯"）。她们代表着世间一切美好的东西，她们分别是光辉女神阿格莱亚（Αγλαια，Aglaia / Aglaea，光芒四射的）、欢乐女神欧佛洛绪涅（Ευφροσυν，Euphrosynê / Euphrosyne，兴高采烈的）、激励女神塔利亚（Θαλια，Thaliê / Thalia，鲜花盛开的）。她们能够赋予其他神灵或人类以优雅、美丽与欢乐，魅力正是她们神性的外化，感觉就像整个人都在发光，希腊人将其称为charis。

使徒保罗用希腊文写下了《新约》的一系列书信。在《哥林多书》中，他使用了charisma（ma为名词化后缀）一词，指代圣灵给人的恩惠或益处，即所谓的die Gaben des Geistes。所以，charisma一词最初是一个宗教词汇，指感应到上帝授予人类接收启示、灵感与顿悟的能力。

而德国社会学家马克斯·韦伯在名著《经济与社会》中拓宽了这个词的适用范围，用来指称人类社会的某种权威与统治形式。他认为，人类社会的统治形式大致有三，法理型（Die legale Herrschaft mit bureaukratischem Verwaltungsstab）、传统型（Traditionale Herrschaft）与克里斯玛型（或称魅力型）（Charismatische Herrschaft）。

法理型统治，依据民众所认可接受的公正程序而得到合法性基础，例如经过选举程序产生领袖或代表，官僚体制是其权威基础。

传统型统治，核心是宗法家长制，依靠宗法关系、血缘关系来维持服从的关系，权力来源往往依靠世袭。

克里斯玛型统治，则是以领袖的超凡禀赋来获取追随者的认同和拥戴，从而得到其合法性基础，这在社会运动如农民起义和各类集体行为中尤为突出。

韦伯认为，这三种权威当中只有合理和法定的统治符合理性，是现代行政组织的基础。但是在社会转型期，尤其是动荡与危急时刻，克里斯玛型领袖就会脱颖而出，带领众人打破危机。

这种领袖我们通常称为"伟人",而他也会形成极为强大的改革力量,依靠自身的超凡魅力,彻底地改变人们的思想和态度。

但是,克里斯玛型的领导者有两大缺陷。一是"可以马上得天下,不能马上治天下",其统治与权威往往无法具有持续性和前瞻性。他可以引导变革与革命,但是变革与革命之后该如何,却是摆在每个领袖面前的难题。

二是"天下安危系于一人",克里斯玛型领袖也是脆弱的。如果他失去魅力,或突然去世,就会使得本该进行下去的变革戛然而止。

而如何破除这个困局,办法也不外乎两种。一是实现统治权力的世袭或禅让,向传统型统治过渡。二是转型进入法理型统治,这也是韦伯所支持的。因为要想维持社会的稳定和有序,不能简单地依靠个人魅力,还是应该依赖于理性与法制制度的建设。

"杜登"对于这个词的解释比较通俗化,"besondere Ausstrahlung [skraft] eines Menschen"①,也就是我们通常所说的"魅力"。有趣的是,希腊文指的是神性,而汉语"魅力"则来自"貌美的鬼怪"。究竟是神是鬼,又有谁能说得清呢?

---

① https://www.duden.de/rechtschreibung/Charisma,最后访问日期:2022年11月1日。

80. "杀不死我的, 会让我更强大"语出何处?

畅销书《黑天鹅》的作者纳西姆·尼古拉斯·塔勒布
(Nassim Nicholas Taleb) 还写过一本书叫做《反脆弱》, 里
面说:

> 风会熄灭蜡烛, 却也能使火越烧越旺。
>
> 对随机性、不确定性和混沌也是一样: 你要利用它们,
> 而不是躲避它们。……有些事情能从冲击中受益, 当暴露在
> 波动性、随机性、混乱和压力、风险和不确定性下时, 它们

反而能茁壮成长和壮大。①

面对不确定的黑天鹅，也许我们没有太好的办法，只能是做好心理建设。所以我们就来学习一下相关的德语吧。

提到《反脆弱》这本书的文章，基本上都会提尼采的一句话："杀不死我的，会让我更强大。"这句话出自哪里呢？出自尼采晚年著作《偶像的黄昏》（*Götzendämmerung*）里面的格言第8条：

> Aus der Kriegsschule des Lebens. – Was mich nicht umbringt, macht mich stärker.
>
> （来自生活的战争学校。——杀不死我的，会让我更强大。）

尼采崇尚生命哲学，将生命视为一场斗争或战争，人在其中靠的主要就是坚强。而他该书的前言中说的第一段话，笔者觉得今时今日读来似乎颇有些共鸣之处：

> Inmitten einer düstern und über die Maßen verantwortlichen Sache seine Heiterkeit aufrechterhalten ist nichts Kleines von Kunststück: und doch, was wäre nötiger als Heiterkeit? Kein Ding gerät, an dem nicht der Übermut seinen Teil hat.
>
> （身处一件晦明不清而且责任异常重大的事情中，要保

---

① 纳西姆·尼古拉斯·塔勒布：《反脆弱：从不确定性中获益》，雨珂译，中信出版社，2014年，第XV—XVI页。

持自己的开朗心情，这绝非不足挂齿的雕虫小技；而且，又有什么比心情开朗更为必要呢？任何事情的成功，都离不开高昂情绪的参与。）

不过，尼采这句格言其实并非他首创，其主要思想来自他本人意志的座右铭。这条座右铭来自古罗马编年史家安尼提阿斯（Anitias）的格言：

increscunt animi, virescit volnere virtus.

（精神与力量因伤口而更强。）

看到这里，你也就明白了，这句话其实跟我们老祖宗说的也并没有什么两样，那就是"生于忧患而死于安乐"。

孟子曰：

舜发于畎亩之中，傅说举于版筑之间，胶鬲举于鱼盐之中，管夷吾举于士，孙叔敖举于海，百里奚举于市。故天将降大任于是人也，必先苦其心志，劳其筋骨，饿其体肤，空乏其身，行拂乱其所为，所以动心忍性，曾益其所不能。人恒过，然后能改；困于心，衡于虑，而后作；征于色，发于声，而后喻。入则无法家拂士，出则无敌国外患者，国恒亡。然后知生于忧患而死于安乐也。

我们来看看卫礼贤的翻译：

Mong Dsï sprach: Schun war Bauer, ehe er emporstieg. Fu

Yüo ward berufen von seinen Brettern und Balken weg. Giau Go ward berufen von den Fischen und der Salzgewinnung weg. Guan I-Wu ward berufen vom Kerker weg. Sun-Schu Au ward berufen vom Meeresstrand weg. Bai-Li Hi ward berufen vom Marktplatz weg. Also, wem Gott ein großes Amt anvertrauen will, dem schafft er sicher erst Bitternis in Herz und Willen, er schafft Mühsal seinen Nerven und Knochen, er läßt durch Hunger seinen Leib leiden und bringt sein Leben in äußerste Not. Er verwirrt und stört ihm seine Werke. So erregt er seinen Geist und macht duldsam sein Wesen und legt ihm zu, was ihm an Fähigkeit gebricht. Stets müssen die Menschen irren, ehe sie klug werden. Sie müssen verzweifeln in ihrem Herzen und ratlos werden in ihren Gedanken, ehe sie sich erheben zu kraftvoller Tat. Die Wahrheit muß ihnen entgegentreten in dem, was vor Äugen ist; sie muß ihnen ertönen in dem, was sie hören, ehe sie sie verstehen können.

Ein Volk, das im Innern keine mächtigen Geschlechter und aufrechten Männer hat und draußen keine feindlichen Nachbarn und äußeren Kämpfe, das wird stets zugrunde gehen. Daran erkennt man, daß das Leben geboren wird in Trauer und Schmerzen und der Tod geboren wird in Wohlsein und Lust.

81.人为什么会"操心"？

　　德国哲人马丁·海德格尔（Martin Heidegger，1889—1976）
在中国大名鼎鼎。他是另一个哲学巨匠胡塞尔的学生，利用胡塞
尔的现象学发展出了一套属于自己的关注和澄清人类此在问题的
方法（存在哲学），而其代表著作就是1927年发表的巨著《存在
与时间》（*Sein und Zeit*）。

　　在这部著作中，海格德尔指出，人与世界打交道的基础结构
就是——Sorge，即"操心"。他赋予这个概念以相当宽泛的含
义。存在就是操心。为解释这个概念，他引用了古罗马时代晚期
的一个"关于操心"的拉丁文寓言（Cura-Fabel des Hyginus）。

Cura cum quendam fluvium transiret, vidit cretosum lutum, sustulit cogitabunda et coepit fingere hominem. Dum deliberat secum quidnam fecisset, intervenit Iovis; rogat eum Cura, ut ei daret spiritum, quod facile ab Iove impetravit. Cui cum vellet Cura nomen suum imponere, Iovis prohibuit suumque nomen ei dandum esse dixit. Dum de nomine Cura et Iovis disceptarent, surrexit et Tellus suumque nomen ei imponi debere dicebat, quandoquidem corpus suum praebuisset. Sumpserunt Saturnum iudicem; quibus Saturnus aequus videtur iudicasse: "Tu, Iovis, quoniam spiritum dedisti, animam post mortem accipe; Tellus, quoniam corpus praebuit, corpus recipito. Cura quoniam prima eum finxit, quamdiu vixerit, Cura eum possideat; sed quoniam de nomine eius controversia est, homo vocetur, quoniam ex humo videtur esse factus." [1]

（Als einst die „Sorge" über einen Fluß ging, sah sie tonhaltiges Erdreich: sinnend nahm sie davon ein Stück und begann es zu formen. Während sie bei sich darüber nachdenkt, was sie geschaffen, tritt Jupiter hinzu. Ihn bittet die „Sorge", daß er dem geformten Stück Ton Geist verleihe. Das gewährt ihr Jupiter gern. Als sie aber ihrem Gebilde nun ihren Namen beilegen wollte, verbot das Jupiter und verlangte, daß ihm sein Name gegeben werden müsse. Während über den Namen die

---

① http://www.thelatinlibrary.com/hyginus/hyginus5.shtml，最后访问日期：2022年11月1日。

„Sorge" und Jupiter stritten, erhob sich auch die Erde〔Tellus〕 und begehrte, daß dem Gebilde ihr Name beigelegt werde, da sie ja doch ihm ein Stück ihres Leibes dargeboten habe. Die Streitenden nahmen Saturn zum Richter. Und ihnen erteilte Saturn folgende anscheinend gerechte Entscheidung: „Du, Jupiter, weil du den Geist gegeben hast, sollst bei seinem Tode den Geist, du, Erde, weil du den Körper geschenkt hast, sollst den Körper empfangen. Weil aber die ‚Sorge' dieses Wesen zuerst gebildet, so möge, solange es lebt, die ‚Sorge' es besitzen. Weil aber über den Namen Streit besteht, so möge es»homo« heißen, da es aus humus〔Erde〕 gemacht ist.")[①]

（从前有一次，女神 Cura〔"操心"〕在渡河之际看见一片胶土，她若有所思，从中取出一块胶泥，动手把它塑造。在她思量她所造的玩艺儿之际，朱庇特神走了过来。"操心"便请求朱庇特把精灵赋予这块成形的胶泥。朱庇特欣然从命。但当她要用自己的名字来命名她所造的形象时，朱庇特拦住了她，说应得用他的名字来称呼这个形象。两位天神正为命名之事争执不下，土地神〔台鲁斯〕又冒了出来，争说该给这个形象以她的名字，因为实在是她从自己身上贡献出了泥胚。他们争论不休，请得农神来做裁判。农神的评判看来十分公正：你，朱庇特，既然你提供了精灵，你该在它死时得到它的精灵；既然你，土地，给了它身躯，你就理该得到它

---

① https://beginner-press.de/atelier/die-sorge-geht-ueber-den-fluss/，最后访问日期：2022年11月1日。

的身体。而"操心"最先造出了这个玩艺儿,那么,只要它活着,"操心"就可以占有它。至于大家所争的它的名称,就叫"homo[人]"吧,因为它是由humus[泥土]造的。①)

---

① 马丁·海德格尔:《存在与时间(修订译本)》,陈嘉映、王庆节合译,熊伟校,陈嘉映修订,生活·读书·新知三联书店,2006年,第228页。

82. 德国最著名的民歌是什么？

　　这是一首在德语地区流传很广的古老民歌，据说要追溯到著名的中世纪诗人瓦尔特·冯·德尔·弗格尔瓦伊德（Walther von der Vogelweide）。它在德国民歌史上有独特的意义。1780年，该歌的歌词开始以手抄传单形式在民间传开。1810到1820年之间，它被配上旋律演唱。1842年，著名诗人、德国国歌歌词的作者奥古斯特·海因里希·霍夫曼·冯·法勒斯莱本（August Heinrich Hoffman von Fallersleben）将该歌曲收入《西里西亚民歌集》里，他的版本被普遍吟唱。歌词如下：

Die Gedanken sind frei,

思想是自由的

wer kann sie erraten；

有谁能够将它猜透

sie fliehen vorbei

飞一般掠过

wie nächtliche Schatten.

好似黑夜的影子

Kein Mensch kann sie wissen,

没有人能了解她

kein Jäger erschiessen；

没有猎人能用

mit Pulver und Blei

火药和铅弹将它击中

Die Gedanken sind frei.

思想是自由的

Ich denk was ich will,

我想自己所望

und was mich beglücket,

还有那幸福之事

Doch alles in der Still,

一切都在寂静之中

und wie es sich schicket.

思想本该如此

Mein Wunsch und Begehren

我的愿望和渴望

kann niemand verwehren,

没有人能将它阻止

es bleibet dabei:

它永远都是如此

Die Gedanken sind frei.

思想是自由的

Ich liebe den Wein, mein Mädchen vor allen,

我爱美酒，尤爱我的姑娘

sie tut mir allein am besten gefallen.

唯有她最能讨我欢心

Ich bin nicht alleine

我并不孤单

bei meinem Glas Weine,

有我的杯中美酒

mein Mädchen dabei:

还有我的姑娘在身旁

Die Gedanken sind frei!

思想是自由的

Und sperrt man mich ein

如果有人把我关在

in finsteren Kerker,

阴暗潮湿的牢房

das alles sind rein

所有这些举动都

vergebliche Werke;

徒劳无用

denn meine Gedanken

因为我的思想

zerreissen die Schranken

击碎了那些枷锁

und Mauern entzwei:

将墙壁一分为二

Die Gedanken sind frei.

思想是自由的

Darum will ich auf immer

所以我要永远

den Sorgen absagen.

与烦恼决裂

und will mich auch nimmer

而且永远也不要

mit Grillen mehr plagen

受那忧郁的袭扰

Man kann ja im Herzen

每个人都可以永远

stets lachen und scherzen

在内心一边放声欢笑

und denken dabei:

一边继续保持那个念头

die Gedanken sind frei.

思想是自由的

所以，不难看出，德国人的价值观中，自由，特别是思想自由，占有非常重要的地位。这一点希望大家在跨文化交流中多多注意。

83. 德国有哪些著名的"熊孩子"故事?

　　余光中先生在其名文《剪掉散文的辫子》中谈到散文的类型时认为，泛滥于整个文坛的就是所谓的"花花公子式的散文"（coxcomb's prose）。这类散文帮助消耗纸张的速度是惊人的，是纸业公会最大的恩人。它们千篇一律，歌颂自然的美丽，慨叹人生的无常，惊异于小动物或孩子的善良和纯真，并且惭愧于自己的愚昧和渺小。在他看来，"这类散文像一袋包装俗艳的廉价糖果，一味的死甜"。这里的"俗艳"一词充分表明了余先生的态度：这类散文并非真正的艺术（Kunst），而是"媚俗"（Kitsch）。

所谓"媚俗",其重要特征就是缺乏思想与洞见,过于片面。这样的文章美则美矣,却不真实。因为自然也经常是严酷的,而孩子也经常是凶残的。

孩子其实和成人一样,都是复杂的,至少也都是具有两面性的。他们当然是天真无邪的,对整个世界充满了了不起的好奇心。但是养过孩子的人其实都知道,孩子也会看人脸色,自私自利,喜欢破坏。孩子是我们人类身上"动物性"的集中代表,其内涵绝非用"天真无邪"四个字就可以概括。从这个意义上来说,每个孩子都是"熊孩子",只是程度或个性不同而已。

其实,每个男孩的成长经历多多少少都有些类似于马克·吐温的《汤姆·索亚历险记》。至少笔者没有在汤姆·索亚身上发现多少善良正直无私的品格。从这个意义上来说,"熊孩子"其实是一个世界性现象。美国有"汤姆·索亚",而德国则有"Lausbub"。

德文中,"熊孩子"是Lausbub。这个词从字面来理解就是"虱子男孩"。但这样的字面翻译就会给读者带来阐释上的困扰:到底是"像虱子一样令人讨厌的孩子",还是"身上长满虱子的孩子"呢?答案是后者。德语中凡是用Laus作为前半部分的复合名词都有"长满虱子"的隐含义。

这个词最早来源于德国作家路德维希·托马(Ludwig Thoma,1867—1921)的一部自传性质的幽默故事集《熊孩子的故事》(*Lausbubengeschichten*,1905)。对于熊孩子或者说

"虱子男孩"一词的理解，首先应该从该书第一章的标题"der vornehme Knabe"来加以明确，里面讲到了托马捉弄在村子里遇到的一个有钱人家的小男孩的故事。在德语中，vornehm的含义是"举止文雅的，为人慷慨的，出身高贵的"，而Knabe则是托马那个时代"男孩"的书面表达。作者用这样一个名字作为开篇绝非偶然，而是有意要同Lausbub形成对比。Laus意味着身上长满虱子，出身草根，举止粗鲁；Bub虽也是男孩的意思，但却是方言中的表达。不同的表达背后隐藏着的是城市与乡村、高贵与草根、文明与野蛮等一系列的对比。

故事的核心内容是一个乡村男童的"恶作剧"（Streich）。但如果用现代城市的道德标准来衡量，你会发现，这些并不是普通的恶作剧。主人公偷窃、撒谎、破坏他人财物，而且还伤害他人。这肯定属于应该严加管束的"熊孩子"范畴。但事实上，德国读者对于这些故事的反应并不是排斥，而是欢迎，甚至是欣赏，或许是因为它说出了某些真相吧。

另一个大受德国人欢迎的"熊孩子"作品则是漫画家威廉·布什（Wilhelm Busch，1832—1908）创作于1865年的小人书（堪称最早期的绘本）《马克斯与莫里茨》（*Max und Moritz*）。

故事由前言、七个恶作剧（六个成功，最后一个失败）以及结语组成。一开篇，作者就给大家上了一堂课，告诫大家其实有些孩子并非天真无邪，而是不可教也：

Ach, was muß man oft von bösen

Kindern hören oder lesen!

Wie zum Beispiel hier von diesen,

Welche Max und Moritz hießen,

Die, anstatt durch weise Lehren

Sich zum Guten zu bekehren,

Oftmals noch darüber lachten

Und sich heimlich lustig machten.

Ja, zur Übeltätigkeit,

Ja, dazu ist man bereit!

Menschen necken, Tiere quälen!

Äpfel, Birnen, Zwetschen stehlen

Das ist freilich angenehmer

Und dazu auch viel bequemer,

Als in Kirche oder Schule

Festzusitzen auf dem Stuhle.

　　在接下来的故事里，两个坏小子偷鸡摸狗，把桥锯断害别人摔跤，在别人烟头里放爆竹，在被窝里放甲虫，偷吃面包师傅的面包，戳漏农夫装谷子的麻袋，被农夫送到磨坊里磨成了碎块，最后被鸭子吃掉。看完之后，你甚至会说，这是一个关于两个孩子如何"作"死的故事。但就是这样一个故事，确实是德国历史上最受欢迎的儿童图画故事，至今已有无数的版本和译本。

　　不难看出，我们不仅希望读到一些反映真善美的儿童作品，其实我们也常常喜欢阅读一些"熊孩子"恶作剧的故事。只有二者合在一起才能算得上是真正的儿童文学。文学作品绝对不能仅用道德标准来衡量，不然的话，你就会发现，不少世界文学经典都是"变态故事"。同理，在遇到"熊孩子"的问题时，还是要从两方面来看。一方面，当然还是该批评就批评。另一方面，你也需要明白，"熊孩子"其实也是常态，没有孩子是不"熊"的。甚至可以说，不"熊"的孩子是不正常的。当然，在看故事的时候，大家都会哈哈大笑，但当恶作剧真的发生在自己头上的时候，你一定是恨不得把那些"熊孩子"统统都收拾掉的。你看，其实，你也是复杂的。

84. 歌德的这个奇特比喻来自哪里？

2000年，时年九十有八的南大张威廉教授出版了一本很有趣的小册子《德语教学随笔》，里面有一篇题为《无独有偶的比喻》的文章。它讲的是歌德曾经不止一次用"一群老母猪互相拥挤摩擦来比喻自己的极大快乐"，张教授认为"这是没有过先例、后人也没有仿效过的一个匪夷所思的比喻"。

1775年，刚刚与未婚妻莉莉解除婚约的歌德，独自一人（也有可能是在伦茨的陪同下）来到瑞士苏黎世散心，在此期间认识了当时声名鹊起的研究相面术的拉瓦特尔（Johann Kaspar Lavater），又巧遇少年时代的朋友帕沙万特（Jakob Ludwig Passavant）。几人在6月15日清晨泛舟苏黎世湖上，吟诗数首，其中歌德最开始写的一首诗是这样的：

> Ohne Wein kan's uns auf Erden
>
> Nimmer wie dreyhundert werden
>
> Ohne Wein und ohne Weiber
>
> Hohl der Teufel unsre Leiber
>
> （如果这世上没有了美酒
>
> 我们永不能像三百那样无忧
>
> 如果没有酒也没有了女人
>
> 不如让魔鬼将我们的肉体夺走）

　　这里面让人费解的当然是"三百"一词当作何解释？20世纪初的歌德学会主席埃里希·施密特（Erich Schmidt）给出了解释。他在研究歌德的《浮士德》创作时认为，学者库诺·费舍（Kuno Fischer）1887年给出的关于《浮士德》中的"奥尔巴赫地下酒店"（Auerbachs Keller）一节的创作年份判定是值得商榷的。

　　费舍认为，这一章的创作时间当是1775年9月，其证据是当年的9月17日，歌德在写给友人施托尔贝格伯爵（Graf Stolberg）的妻子的信中提到自己正在创作《浮士德》的一个章节，然后说自己就像是"一只吃了毒药的老鼠，见洞就去钻，见到水坑就痛饮"，该文字正好与"奥尔巴赫地下酒店"一节的"老鼠之歌"相印证：

地窖里藏着一只大耗子，

每天奶油脂肪当小菜，

圆鼓鼓吃出个大肚子，

能跟路德博士赛一赛。

不料厨娘给它下了毒；

从此觉得世界太局促，

只怕欠下了风流债。

……

它到处乱窜往外奔，

见了水坑就痛饮，

……①

  但是随着《浮士德初稿》（*Urfaust*）以及歌德日记的重见天日，人们发现，其实歌德早在1772年间就已经开始了浮士德题材的相关创作。而施密特认为，"奥尔巴赫地下酒店"里面其实还有一个句子值得注意，那就是众人在饮酒之后高呼：

  Uns ist gar kannibalisch wohl

  Als wie fünfhundert Säuen

  （我们是如此的快活

  就像是五百头老母猪）

---

① 歌德：《歌德文集（第一卷）浮士德》，绿原译，人民文学出版社，1999年，第60—61页。

施密特将这个句子与之前的日记中的诗句相对比，认为在"三百"后面故意省略了一个关键词，那就是"母猪"。所以，很显然，从诗歌主题与用词的对比来看，相关章节的撰写至少可以提前到1775年6月。而这也就是张教授所提到的"匪夷所思的比喻"。

　　事实上，狂飙突进时期的歌德一个很重要的特点就是，他会有意识地使用一些粗俗的话语来表达其叛逆性，例如《铁手骑士》及其他作品中出现的Arsch（屁股）、scheißen（拉屎）、Scheißkerl（杂种）以及Schwanz（阳具）等。但到了风格成熟的古典主义时期，歌德则会比较注意避免类似的词汇，甚至在后期的《浮士德》第二部中写下过这样的句子："Es f___t die Hexe！"［此处动词当是furzt（放屁）］。歌德从狂飙突进到古典主义之间语言风格的转变，国内文学研究界其实关注的不多，值得深入挖掘。

　　不过，歌德关于"母猪"的譬喻其实并不是一件"匪夷所思"的事情。因为在歌德的时代，民间常用一个单词来表示极度的快乐，那就是sauwohl（母猪般的快乐）。在1838年格林兄弟编撰的《格林德语大词典》（*Deutsches Wörterbuch von Jacob Grimm und Wilhelm Grimm*）中，就已经收录了sauwohl这个词条，其释义为：

　　　　adv. äuszerstwohl, wie es einer sau ist, wenn sie sich im

kote wälzt; als ausdruck des höchsten behagens[①]

（副词，特别快乐，就好像一头母猪在烂泥中打滚所感觉到的那种快乐；可以用来表达最高的愉悦）

同时，格林兄弟还引证了同时代人的其他一些句子：

SEILER 270b. ALBRECH 196b. KEHREIN 1, 337

而年轻的歌德也经常使用这个词来表达快乐。例如他在瑞士之行的私密日记中还记下了一首怀念莉莉的诗歌，里面有这样一句：

Dass es der Erde so sauwohl und so weh ist zugleich.

（尘世如此快乐，又如此痛苦。）

而在1776年1月5日写给约翰·海因里希·默克（Johann Heinrich Merck）的信中就这样写道：

ist mir auch sauwohl geworden, dich in dem freiweghumor zu sehn.

（看到你如此幽默，真是让我感觉无比快乐。）

所以，不难看出，歌德的比喻应该是对这个复合词中的sau与wohl两个部分重新进行了文学化处理，而"三百"或"五百"这样的数字则是快乐程度的夸张表达。

---

① https://woerterbuchnetz.de/?sigle=DWB#1，最后访问日期：2022年11月1日。

当然，歌德这首诗歌中"不如让魔鬼将我们的肉体夺走"，其实还应该影射了《马太福音》第八章（第28—34节）的内容：耶稣遇到两个被鬼附身的人，用神通将鬼打发入猪群，然后猪就全部跳下山崖，在海里淹死了。

　　在路德版德语《圣经》中，路德用来翻译"猪"与"鬼"的词汇正是歌德同样在苏黎世那首诗里面用过的Säue与Teufel。"母猪"与"魔鬼"的宗教联系应该是歌德早已熟知的意象，而且也一定反思过。所以他才会在"奥尔巴赫地下酒店"那一节里，将情节安排在了他求学时代的莱比锡。他一方面缅怀青春时代的放纵，让醉酒的众人高喊出那句关于母猪的歌词；另一方面又借梅菲斯特与浮士德对这个问题进行探讨：

MEPHISTOPHELES.

Das Volk ist frei, seht an, wie wohl's ihm geht!

FAUST.

Ich hätte Lust, nun abzufahren.

MEPHISTOPHELES.

Gib nur erst acht, die Bestialität

Wird sich gar herrlich offenbaren

（**梅菲斯特**

老百姓真自由，日子过得多快活！

浮士德

我只想把他们摆脱。

梅菲斯特

请注意，兽性就要华丽地爆发。）

这一切到底是人性？还是兽性？也许只有上帝知晓。但至少，年少时的歌德也应该如此放浪过。

（本文刊于《读书》杂志2018年第3期，原题"歌德的一个奇特比喻"。）

85. 这首奇特的德语诗该怎么理解?

克里斯蒂安·摩尔根斯特恩(Christian Morgenstern, 1871—1914)出生于慕尼黑的一个画家家庭,中学毕业后在布雷斯劳大学攻读经济学、法律、哲学与艺术史。1894年他在柏林任记者和戏剧顾问,后专门从事文学创作,受到佛教与尼采哲学的很大影响,沉湎于寻求上帝的宗教幻想中。

在德国文学史上,他以创作荒诞滑稽诗(komische Lyrik)而闻名。著名的诗集有《绞刑架之歌》(*Galgenlieder*, 1905)、《帕尔姆斯特勒姆》(*Palmström*, 1910)以及《金冈茨》(*Gingganz*, 1919)。

他深受尼采哲学的影响，将"孩子"视为艺术创作的最高境界。所以，他对待诗歌的态度就是游戏，随心所欲，毫无拘束。这也使得他的滑稽诗呈现出极具魅力的特点。下面，我们选取一首出自诗集《绞刑架之歌》的作品，大家来感受一下：

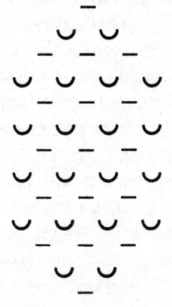

Fisches
Nachtgesang

　　看到这首诗，很多人第一感觉就是费解，因为通篇除了标题之外，没有别的文字。很多人猜测这应该是德国偏重视觉的"具体诗"（konkrete Poesie）的一种形式，于是纷纷从视觉的角度加以阐释。

　　有的同学说：这个弯代表的是跳跃的鱼或者是鱼嘴，看起来正是鱼在唱歌。还有人说：我觉得那横线才是鱼嘴，弯是鱼眼睛，两个弯一条横线组成一条鱼的正脸。而且整首诗类似鱼群的形状似乎也确实给人这样的阐释空间。

　　这样的阐释当然很好，而且也很有想象力，毕竟好的作品的意义就在于其内在的丰富性与阐释的多样性。

　　不过，这首诗其实还有另外一个阐释空间，那就是听觉。因为他通篇使用的符号并不是毫无意义的符号，学过德国诗韵学的同学也许会知道，这是欧洲古典的长短音节符号。而德文中，很多时候，长短音节其实并不构成一个重要的问题。德文音节更多的是轻重音节的问题，所以这两个符号也可以分别表示轻重音节。这些符号通常是作为诗歌文字旁边的标记物出现的，只是这一次它们却是整首诗的主角。

　　诗人这样的用意当然有很多种阐释的可能。这首诗是《鱼之夜歌》，鱼是没文字的，所以整首诗都没有文字，只有声音的符号；这些符号是不是作者对于大自然天籁之声的直接模仿，我们不得而知。但我们似乎也可以将其理解为诗人和我们玩的文字游戏，他将诗歌的文字部分故意隐去，仿佛无字天书，让读者自由地联想和发挥；也许你也可以试着去给这首诗填个词，看看效果怎么样。（这里我们必须承认，在德文中，能够适合这种轻重音节的单词估计很少。）

86. 黑格尔说过"存在即合理"吗?

中国很多人都知道一句黑格尔的名言"存在即合理",也有很多人引用它来为现实的一些现象辩护。但是中国哲学界的常识却是,黑格尔从未说过这句话。

黑格尔在《法哲学原理》中所说的德语原文是:

> Was vernünftig ist , das ist wirklich , und was wirklich ist , das ist vernünftig.

而且他在《小逻辑》(即《哲学科学全书纲要》)又专门出来解释这句话,所以在很多哲学爱好者那里都造成了一个印象,那就是"存在即合理"这句话黑格尔没说过，是后人的曲解。

要弄清楚这里面的问题，就得靠我们学德语的人来了。笔者对照着原文进行了查找。德语真有一个类似"存在即合理"的说法被定位在黑格尔头上，那就是：

Alles, was ist, ist vernünftig.

但这句话却似乎不是黑格尔本人说的，而是海涅在1844年《关于德国的书信》（Briefe über Deutschland）里的句子。里面讲到海涅与黑格尔交情深笃，他们私下里交流时，海涅说：

Als ich einst unmutig war über das Wort: „Alles, was ist, ist vernünftig", lächelte er sonderbar und bemerkte: „Es könnte auch heißen: Alles, was vernünftig ist, muß sein."

（有一次我为了下面这句话而恼火："所有存在的就是合理的"，他不同寻常地微笑着说："这句话也可以说成：所有合理的必定存在。"[①]）

所以，我们似乎可以断定，这句话是海涅对黑格尔哲学的误读。但是，很显然，海涅一定是对黑格尔曾经说的话表示不满，于是，笔者又回头重新看《法哲学原理》的原文，在"序言"里黑格尔讲完"Was vernünftig ist, das ist wirklich, und was wirklich ist, das ist vernünftig"之后，他又说了这样一些话：

[①] 海涅：《断章（1844）》，焦仲平译，章国锋、胡其鼎主编：《海涅全集（第十一卷）》，河北教育出版社，2003年，第211页。

So soll denn diese Abhandlung, insofern sie die Staatswissenschaft enthält, nichts anderes sein als der Versuch, den Staat als ein in sich Vernünftiges zu begreifen und darzustellen. Als philosophische Schrift muß sie am entferntesten davon sein, einen Staat, wie er sein soll, konstruieren zu sollen; die Belehrung, die in ihr liegen kann, kann nicht darauf gehen, den Staat zu belehren, wie er sein soll, sondern vielmehr, wie er, das sittliche Universum, erkannt werden soll.

Ἰδοὺ Ρόδος, ἰδοὺ καὶ τὸ πήδημα.

Hic Rhodus, hic saltus.

Das was ist zu begreifen, ist die Aufgabe der Philosophie, denn das was ist, ist die Vernunft. Was das Individuum betrifft, so ist ohnehin jedes ein Sohn seiner Zeit, so ist auch die Philosophie ihre Zeit in Gedanken erfaßt. Es ist ebenso töricht zu wähnen, irgendeine Philosophie gehe über ihre gegenwärtige Welt hinaus, als, ein Individuum überspringe seine Zeit, springe über Rhodus hinaus. Geht seine Theorie in der Tat drüber hinaus, baut es sich eine Welt, wie sie sein soll, so existiert sie wohl, aber nur in seinem Meinen – einem weichen Elemente, dem sich alles Beliebige einbilden läßt.

Mit weniger Veränderung würde jene Redensart lauten:

Hier ist die Rose, hier tanze.

（现在这本书是以国家学为内容的，既然如此，它就是把国家作为其自身是一种理性的东西来理解和叙述的尝试，除此以外，它什么也不是。作为哲学著作，它必须绝对避免把国家依其所应然来构成它。本书所能传授的，不可能把国家从其应该怎样的角度来教，而是在于说明对国家这一伦理世界应该怎样来认识。

Ιδού Ρόδος, ιδού καὶ τὸ πήδημα.

Hic Rhodus, hic saltus.

［这里是罗陀斯，就在这里跳罢。］

哲学的任务在于理解存在的东西，因为存在的东西就是理性。就个人来说，每个人都是他那时代的产儿。哲学也是这样，它是被把握在思想中的它的时代。妄想一种哲学可以超出它那个时代，这与妄想个人可以跳出他的时代，跳出罗陀斯岛，是同样愚蠢的。如果它的理论确实超越时代，而建设一个如其所应然的世界，那末这种世界诚然是存在的，但只存在于他的私见中，私见是一种不结实的要素，在其中人们可以随意想象任何东西。上述成语稍微变更一下就成为

Hier ist die Rose, hier tanze.

［这里有蔷薇，就在这里跳舞罢。］①）

对比一下，不难看出，海涅所说的 "Alles, was ist, ist

---

① 黑格尔：《法哲学原理》，范扬、张企泰译，商务印书馆，1979年，"序言"第12页。

vernünftig"其实更近似于黑格尔在这里所讲的"Das was ist zu begreifen, ist die Aufgabe der Philosophie, denn das was ist, ist die Vernunft",即"存在的东西就是理性"。而从上下文不难看出,黑格尔确实有一点为当时的普鲁士的国家制度辩护的意思在里面。

但事实上,至少在海涅看来,事实并非如此。黑格尔内心的想法更为激进,但是胆怯的他却不敢说出来:

> 他慌忙四下里环顾了一下,马上又平静下来,因为只有海因里希·贝尔听到了这句话。后来我才明白了这种空话。也是后来我才明白他为什么在历史哲学里断定,当异教的上帝从来不知死为何物时基督教宣称一个上帝已经死去,因此它已是一个进步。可是倘若这个上帝根本不曾存在过,这又算是一种怎么样的进步!某一天夜里我们站在窗前,我迷醉于那些星辰,好些亡灵的停留。大师却自言自语地小声咕哝说:"那些星星只不过是天空上一个闪光的麻疯病。""我的天,"我叫道,"难道在那上边就没有一个其乐融融的所在,供那些好人死后去投奔吗?"他讥笑地看着我说:"这么说您还想由于您在生活中尽了责任,照顾了您的生病的母亲,没有使您的亲人挨饿,没有给您的仇人投毒,而得到一杯酒钱?"[①]

而这些,就是关于这句名言,笔者所考证到的一切。

---

① 海涅:《断章(1844)》,焦仲平译,章国锋、胡其鼎主编:《海涅全集(第十一卷)》,河北教育出版社,2003年,第211页。

87. 德语中有哪些针对中国人的种族歧视?

其实有一个德语问题,笔者一直没怎么写过,那就是德语中的种族歧视问题。

西方人有一个与我们不同的地方,那就是在他们的语言里,有很多笑话、游戏或儿歌都是带有很强的种族歧视色彩的。这在汉语的世界里其实是比较罕见的。没错,我们有时候也会故意模仿外国人讲话(这方面韩语或日语的例子多一点),但系统性的、从孩童时代就开始灌输的涉及种族歧视的东西却是很少的。

但是在德语里面,还有英语里面,却有很多关于嘲笑中国人的笑话、游戏和儿歌,使得德国的孩子从幼儿园或小学就开始接触这方面的内容，在很小的时候就建立了相关的观念。这是笔者不得不提醒大家注意的问题。

例如ching chong，ching chang chong就是贬义词，经常被英语或德语使用者用来嘲弄汉语使用者、华裔甚至其他外貌类似华裔的东亚人。一些评论认为该词语具有侮辱性质，指出有诸多针对东亚人的骚扰、人身恐吓等都伴有种族辱骂和故作模仿中文发音的行为。

以下面一系列问答为例：

> Wie heißt ein chinesischer Dieb?
>
> Lang Fing
>
> Wie heißt ein chinesischer Polizist?
>
> Lang Fing Fang
>
> Und wie heißt seine Pistole?
>
> Lang Fing Fang Peng
>
> Wie heißt der chinesische Verkehrsminister?
>
> Um Lei Tung
>
> ... und jetzt noch was Arabisches: Wie heißt der arabische DJ?
>
> Mach Ma Lalla

在德语中，"小偷"又叫Langfinger（长手指），这里德国人故意将其按中国发音方式拆解为Lang Fing。同样的道理，fangen

是抓住的意思，所以Lang Fing Fang就是抓小偷的意思，也就是警察。而Peng则是拟声词，也就是枪声。而Um Lei Tung其实是Umleitung的拆分，即修改线路的意思，和交通的关系也就不言而喻了。这样看来，这个笑话其实和ching chang chong很类似，也是故意模仿中文发音的歧视行为。问题是，这个笑话在德国流传很广，而且类似的东西还有很多。

另外一个在德国流传很广的儿歌也是如此，即"三个中国人与一把低音提琴"。儿歌视频中的这种头戴斗笠、留着胡子的形象依然是西方人印象中的中国人形象，至今未改。

时至今日，虽然全球化让世界各地的联系日益紧密，但普通民众的意识和世界观在很大程度上还落后于世界和社会的发展，很多知识甚至还是一百多年前的印象，可见德国普通人对于中国的了解是多么的肤浅。所以，所有学德语的同学都应该有这个意识，主动去讲好中国故事，逐步改变德国人对于中国以及中国人的刻板印象。

88. 如何用德国人的话怼德国人?

学习德语的学生将来在与德国人打交道的过程中难免会遇到需要怼回去的情况。鉴于笔者的主业是德语教师,笔者搜集了一些德国人自己说的关于德国和德国人的消极言辞,以便大家做好准备。其实任何国家都有人说过自己祖国和国民的坏话。

Der Deutsche gleicht dem Sklaven, der seinem Herrn gehorcht ohne Fessel, ohne Peitsche, durch das bloße Wort, ja durch einen Blick. Die Knechtschaft ist in ihm selbst, in seiner Seele.（Heine）

（德国人就好像一个听话的奴隶,完全不用捆绑和鞭子,

只需要单纯的话语或是眼神就可以做到这一点。奴性就在他的身上，在他的灵魂里。——海涅）

Ein Deutscher ist ein Mensch, der keine Lüge aussprechen kann, ohne sie selbst zu glauben. - Adorno

（德国人是这样一种人，他们不会说出他们自己不相信的谎言。——阿多诺）

Sagt, ist noch ein Land außer Deutschland, wo man die Nas eher rümpfen als putzen?（Lichtenberg）

（你们说说，除了德国以外，还有没有哪个国家的人更喜欢对别人嗤之以鼻，而不是真正地擦干净自己的鼻子？——利希滕贝格）

Ein eigentümlicher Fehler der Deutschen, dass sie, was vor ihren Füßen liegt, in den Wolken suchen.（Schopenhauer）

（德国人一个独特的错误就是，他们经常在云端寻找那些就在他们脚边的东西。——叔本华）

Die Deutschen gehorchen so gern, weil sie Gehorsam fordern.（Böll）

（德国人喜欢顺从，因为他们要求顺从。——伯尔）

Im Deutschen lügt man, wenn man höflich ist.（Goethe）

（谁用德语说彬彬有礼的话，谁就是在说谎。——歌德）

Selbst im Falle einer Revolution würden die Deutschen sich nur Steuerfreiheit, nie Gedankenfreiheit zu erkämpfen suchen.（Hebbel）

（哪怕是革命的时候，德国人追求的也只是纳税自由，而不是思想自由。——黑贝尔）

Ein Deutscher ist großer Dinge fähig, aber es ist unwahrscheinlich, dass er sie tut.（Nietzsche）

（德国人有干大事的能力，但是他绝对不可能真的去做。——尼采）